校园辅导员工作丛书

教师如何帮助孩子走出厌学的误区

本书编写组 ◎ 编

世界图书出版公司
WPC
广州·北京·上海·西安

图书在版编目（CIP）数据

　　教师如何帮助孩子走出厌学的误区／《教师如何帮助孩子走出厌学的误区》编写组编．—广州：世界图书出版广东有限公司，2010.11　（2024.2 重印）

　　ISBN 978－7－5100－2990－5

　　Ⅰ．①教…　Ⅱ．①教…　Ⅲ．①青少年－学习心理学－研究　Ⅳ．①G442

　　中国版本图书馆 CIP 数据核字（2010）第 217509 号

书　　　名	教师如何帮助孩子走出厌学的误区
	JIAOSHI RUHE BANGZHU HAIZI ZOUCHU YANXUE DE WUQU
编　　　者	《教师如何帮助孩子走出厌学的误区》编写组
责任编辑	王　红
装帧设计	三棵树设计工作组
出版发行	世界图书出版有限公司　世界图书出版广东有限公司
地　　　址	广州市海珠区新港西路大江冲 25 号
邮　　　编	510300
电　　　话	020-84452179
网　　　址	http://www.gdst.com.cn
邮　　　箱	wpc_gdst@163.com
经　　　销	新华书店
印　　　刷	唐山富达印务有限公司
开　　　本	787mm×1092mm　1/16
印　　　张	12
字　　　数	160 千字
版　　　次	2010 年 11 月第 1 版　2024 年 2 月第 4 次印刷
国际书号	ISBN　978-7-5100-2990-5
定　　　价	59.80 元

序 言

  学生就像一颗小树苗，他的成长需要有人去全面周到地悉心照料。只有这样，才能挺拔健壮地向上生长。一个孩子如果在成长期间不加以扶植培养，就避免不了的会迷失方向、扭曲变形。所以，对学生，尤其是世界观、价值观并没有完全良好建立的青少年来说，是万万不能离开教师的辅导工作的。

  辅导工作是教师针对学生出现的学习和生活中的问题所开展的干预和矫正工作。一个学生如果只有优异的成绩，但是思想、认知、生活能力和社会能力很差的话，他也不可能在这个社会上立足，至少不能称其为完善的人。现在的社会需要全面发展的人，我们教育的目的，也是要教育出高素质、高能力的人，所以，辅导员的角色尤其重要。

  校园辅导员的工作主要分为心理辅导和学习辅导两大类。

  心理辅导是指辅导员与受辅导学生之间建立一种具有咨询功能的融洽关系，以帮助学生正确认识自己，接纳自己，进而欣赏自己，并克服成长中的障碍，改变自己的不良意识和倾向，充分发挥个人潜能，迈向自我现实的过程。过去，心理辅导的工作一般由班主任来实行，现在由于教育改革的不断深入和教育思想的不断提升，许多学校还配置了专门的心理辅导室和专职的心理辅导教师。心理辅导工作逐步迈向科学化、系统化。

  学习辅导是教师对学生学习方面实施的辅导，包括学习态度、学习能力和学习方法等内容。学习是学生平时在学校最主要的活动，同样是学校的重点任务。我们看到，学习辅导从过去的传授知识到现在的能力培养，有了一个很大的提升。所谓授之以鱼不如授之以渔，学生通过学习辅导，得到的是能力上的收获。同样，这个转变也是对教师的一个很大的考验。

为了帮助广大辅导员提高，我们特组织编写了"校园辅导员工作"系列丛书，旨在为辅导员提供一些理论知识，并解决他们在工作中遇到的问题，更好的开展辅导工作。本丛书包括：《小学心理辅导教师工作指南》《中学心理辅导教师工作指南》《如何进行中小学团体心理辅导》《教师如何帮助孩子走出厌学的误区》《教师如何帮助学生预防和矫治学习困难》《教师如何帮助孩子爱上学习》。其中前三本是心理辅导的内容，系统讲解中小学心理辅导，并将现在很热门的团体心理辅导单列成册，希望能对各位辅导员有所帮助。后三本是学习辅导的内容，主要就学生遇到的主要学习障碍与学习问题，进行讲解，使得辅导员的辅导工作能够更加有的放矢。

本丛书的特色主要是将理论与案例很好地结合在一起，使得知识理解起来没有那么枯燥，在内容上又能完全符合新课程改革的需要。本套丛书可以作为广大辅导员进行集中培训的教材，也可作为各位老师自行阅读的读物。

由于辅导工作仍处于不断发展中，再加上我们的视角有限，不可能全面概括和解决所有问题。所以在编写的过程中难免出现错误，我们希望广大教师、专家、学者在阅读中发现问题，及时告诉我们，我们将努力改正，不胜感谢。

Contents 目录

引　言

　　孩子的天性是好学还是厌学？长期的教学观察表明，孩子是好学的。知识的世界魅力无穷，孩子们天生对于学习和进入一个知识的世界充满了惊奇、兴奋，大自然赋予了孩子们一个接一个的敏感期，只要孩子的发展是正常的，他都会成为一个好学生，长大成为一个好公民。但我们的教育和环境可能会出现误区，没能为孩子提供相应的条件，或者施与了不恰当的压力，于是出现了厌学状况。从这个意义上说，孩子的厌学不是他的天性使然，我们更多地要从环境，从家长和教师那里找原因。

　　针对困扰学生和教师的厌学问题，本书试图进行一次归纳和总结。首先，这种专题性的归纳和总结有助于教师朋友们对厌学做更细致、更深入的了解；其次，具体案例、名人故事、调查数据等的提示和说明，可以帮助教师朋友们打开思路，找到学生们的症结；最后，本书有针对性地提供一些有价值的参考、建议等，以期帮助教师朋友有效地对症下药。

　　不过，本书不会刻意夸大所谓"厌学症"，不把厌学作为一种时代流行症状进行探讨，而是从正面的角度，让教师帮助孩子正确对待学习，激发孩子的学习兴趣。如果我们承认好学是人的天性，那么，厌学同样是这天性中的一部分。我们可以把"厌学"当成一个棘手的问题，但决不能随意把它看成一种心理疾病。也希望教师朋友在实际工作中谨慎对待"厌学"这个词。

　　在章节设置上，本书一共设有五章。其中，第一章对厌学状况进行基本描述，其余各章重点介绍教师如何帮助孩子明确学习动机，养成良好的学习习惯，掌握恰当的学习方法，为孩子营造有利的学习环境等，采取种

种办法帮助孩子正确对待学习。

在内容的编排上，本书努力向多样化、针对性、真实性、趣味性等方向靠拢。惟愿教师朋友们能从该书中汲取适合自己的方式方法，最终如心所愿地带领一个又一个孩子走出厌学的误区。

第一章　关于厌学

厌学是困扰学生和老师的一大"顽疾"，它束缚了学生的求知欲，制约了学生的创造力。它让学生对学习产生厌烦心理，对考试产生恐惧心理。学生的厌学情绪又直接影响到老师的授课情绪、课堂质量、以及班级成绩等。

"厌学"具体指代什么？厌学产生的原因是什么？有厌学倾向的学生都有什么样的表现？教师如何看待并合理应对学生厌学的问题？本章试图从整体上对与厌学相关的如上问题进行细致的探究。

第一节　厌学与厌学症

厌学是指学生在主观上对学校学习失去兴趣，产生厌倦情绪和冷漠态度，并在客观上明显表现出来的行为。轻者，厌学的孩子对上学不感兴趣，但迫于家庭或外界压力又不得不走进学校。在校学习态度消极，学习效率低下，人也会变得烦躁不安，多思多虑，容易发怒，注意力不能集中，甚至看什么都不顺眼，对自己和别人都感到厌烦，每天如生活在水深火热之中。重者，当觉得自己无论如何再也学不进去的时候，当他觉得上学学习对他来说简直就是一种折磨的时候，他就可能会从心底产生对上学和学习的厌恶情绪，最终可能会选择退学、离家出走等极端行为。

不听话的孩子都有不同程度的厌学情绪。厌学与善学、乐学相克，厌学无疑会扼杀、阻碍孩子学习的热情与欲望，束缚和困扰孩子美好的心灵，对孩子的健康成长会造成严重的危害。

孩子一旦厌恶学习，那么要想让他们自觉主动地学习，便成为一句空话，他们会采用各种方法逃避学习，逃避父母和老师的监督，视学习和学校如洪水猛兽。这样，即使父母不断地命令他学习，他都不过是应付了事，更别指望他主动地去求知了。所以，厌学是孩子学习的最大克星，也是造成孩子不听话的主要原因之一。

厌学有轻重之分：偶尔对某项作业、某门学科或者对某位老师、某个学校产生不满，这是较轻微的厌学；经常性地对某项作业、某门学科或者对某位老师、某个学校产生厌烦，并偶尔伴有一些如头痛之类不舒服的生

理反应，这是中度的厌学；习惯性地对某项作业、某门学科或者对某位老师、某个学校产生厌恶，经常伴有头痛、呕吐等不良的生理反应，这是较严重的厌学。

较严重的厌学，人们称之为厌学症。厌学症与一般的厌学情绪不同，其主要特征是对学习毫无兴趣，视学习为负担，把学习作为一件痛苦的事情，不能从事正常的学习活动，经常逃学或旷课，严重的会导致辍学。

当我们说一个孩子患了厌学症时，指的是他在一段重要时间里对学校怀有长期的害怕情绪，无法参与和适应学校的日常生活规律。这种看起来毫无道理的害怕会让孩子们产生一系列逃避上学的行为。孩子不愿意上学，以头痛或生病为借口，如果强迫他们上学的话，他们就哭叫吵闹，纠缠不休。从医学上讲，厌学症也可能出现一些生理症状，如头痛、恶心、昏昏欲睡、没有胃口、心跳过速和头晕等。如果孩子不去上学而是呆在家里，这些症状就会消失。

值得注意的是，作为教师应谨慎使用"厌学症"这样的词语。目前社会对厌学症的舆论宣传有夸大其词之嫌，更有一些机构打起"治疗厌学症"的招牌，危言耸听，以便让家长心甘情愿掏钱。

事实上，在《中国精神疾病分类方案与诊断标准修订版》中，专门设置有"儿童少年期精神障碍"，其中并没有"厌学症"一词。可见它和"网瘾"一样，是一个很流行，但并非权威的概念。作为教师和家长，对待孩子的"厌学"，同样需要一颗平常心，多数时候，我们不应把孩子的"厌学"看作是什么心理问题，只不过是孩子们都要上的一堂课。

有关厌学情绪的心理测试

下面是一个测试是否存在厌学情绪的量表，本量表一共有 20 道题目，请测试者根据自己的实际情况如实选择。

1. 我认为学习一点意思也没有。（　　）　　1. 是　2. 否

2. 我是迫于形势才不得不学习的。（　　）　　1. 是　2. 否

3. 我一学习就觉得没劲。（　　）　　　　1. 是　2. 否

4. 在现在的社会里，学习没什么用处。（　　）　1. 是　2. 否

5. 我认为学习是件苦差事。（　　）　　　　1. 是　2. 否

6. 到学校去上学简直是件苦差事。（　　）　　1. 是　2. 否

7. 我学习只是为了父母。（　　）　　　　　1. 是　2. 否

8. 我对学习没什么兴趣。（　　）　　　　　1. 是　2. 否

9. 一上课，我就无精打采。（　　）　　　　1. 是　2. 否

10. 上课时老师讲的内容我总是似懂非懂。（　　）1. 是　2. 否

11. 我常常抄同学的作业。（　　）　　　　　1. 是　2. 否

12. 我即使是无事可做，也不愿学习。（　　）　1. 是　2. 否

13. 我认为自己不是什么读书升学的料。（　　）1. 是　2. 否

14. 我背书包上学只是为了消磨时光。（　　）　1. 是　2. 否

15. 我上学经常迟到、早退。（　　）　　　　1. 是　2. 否

16. 我和老师的关系比较紧张。（　　）　　　　1. 是　2. 否

17. 我对影视明星、歌坛新秀、体坛名将、青春偶像等很感兴趣。

（　　）　　　　　　　　　　　　　1. 是　2. 否

18. 我上课注意力不集中，常常走神。（　　）　1. 是　2. 否

19. 我一拿起书本就感到头疼。（　　）　　　　1. 是　2. 否

20. 我上课时常常做一些与学习无关的事。（　　）1. 是　2. 否

记分与解释

记分方法：每题选择"是"记1分，选择"否"记0分。然后将各题得分相加，即得总分。

解释：1～6分，说明有轻微的厌学情绪。

7～13分，说明有中等程度的厌学情绪。

14～20分，说明有严重的厌学情绪，需要及时求助于心理医生。

第二节　厌学的原因

造成厌学症的原因很多。从外因看，有家庭教育和学校教育的失误，如家长期望过高，不当的教育方法，教师态度生硬，社会不良风气的影响；从内因看，学习目的不明确，学习无兴趣，自制力较差，懒惰，放纵等。

厌学产生的常见原因：

1. 父母不切实际的要求：要求过高的后果是容易使孩子产生害怕失败的心理，继而导致上进心丧失和学习动力缺乏。特别是当家长采用强硬专制的手段时，孩子便会以一种逆反的行为报复父母的不公正。

2. 要求过低或放纵：大多数孩子进入学校是以一种新鲜感走进校园的，如果此时父母对儿童的要求过低，整日忙于自己的事，而忽视了孩子入学后的心理变化，一旦孩子在学习过程中遇到困难，认为学习太苦而失去了兴趣和动力，随之而来的就是厌学。

3. 严重的家庭问题：生活在一个经常发生纠纷的家庭，孩子会心事重重，而无力顾及功课。由于安全感丧失，家庭不断地激烈争吵和高度紧张气氛，使焦虑的孩子无法再对学校发生兴趣。

4. 儿童的自身问题：儿童心理发育不成熟，即儿童虽然智力水平属于正常，但社会适应能力差，幼稚、缺乏积极的进取精神。自信心缺乏：开始孩子对学习很感兴趣，信心十足。但孩子的创造力和与众不同的行为往往被思想保守、生活刻板、只注意分数的父母所压抑，所以孩子不仅不能为自己的独特性、创造性而骄傲，反而会感到自己无能，而自暴自弃。

5. 学校中的问题：学习负担过重；学校生活过于紧张，学校的纪律过

严而刻板；孩子在学校中常常受委屈。

6. 恶劣的学习环境：父母不爱学习；学习条件太差；学校和社会风气不好。

7. 人格发展不完善是厌学诱因。

从文化视角分析，我国中小学生的厌学有这样一些因素的影响：

1. 中国传统文化价值取向的影响

儒家学说对中国传统文化的影响最为深远，成为中国传统文化的主流。儒家"学而优则仕""书中自有颜如玉，书中自有黄金屋"的文化思想观念影响着一代代中国人，并演变成今天"读书有用，不读书无用"的朴实话语。受这种传统文化价值取向驱使，教师、家长对学生、子女的学习要求非常严厉。他们欠考虑学生实际能力，对学生学习高要求、高压力。当学生的学习压力超越他们的承受力时，学生逆反心理增强，必然会消极反抗与抵制，表现为学习上的马虎应付乃至逃课、逃学。

2. 学校先进校园文化的缺失

先进校园文化的本质功能是培养坚守理想、坚持美好的人。但当前不少中小学追求虚拟的、包装性和宣传性的校园文化，忽视真实的贴近生活的校园文化，达不到"润物细无声"的文化育人境界。面对就业艰难、财富多元创造、教师浮躁、社会浮躁、课程乏味并与现实脱节等现实境况，缺乏校园"适应文化"指导的中小学生感到无奈、彷徨。贴近生活又超越真实，并适应学校物质文化的先进校园文化的缺失会降低学生的学习兴趣、动力、信心，导致厌学行为发生。

3. "合理性"家庭文化的缺失

目前在市场经济影响下，一些家庭文化具有功利性价值取向，"金钱至上""利益至上"思想渗透并影响到家庭成员的价值观念与思维方式。面对部分学生"毕业就失业"的现实境况，家庭成员的教育态度发生变化，"读书无用论"重新抬头。这导致家长消极支持子女读书，子女对学习兴趣不高、动力不足，产生厌学行为。此外，也有家长秉承"教育万能"价值观念，望子成龙、望女成凤的态度倾向明显，对子女学习干涉过多，对子女的点滴错误指责过多，忽视子女的心理感受和承受能力，易引

起子女的反感，产生厌学情结。上述两种不同风格家庭文化过于极端，缺少民主性、科学性与合理性。"合理性"家庭文化的缺失是导致学生厌学的家庭方面原因。

4. 大众文化消极作用的侵蚀

受大众文化及其消费者影响，加之学生身心发展的不成熟，中小学生常表现为内外浮躁；追求短、平、快的成名捷径；学习上缺乏细致思考。当前社会处于一个大众反叛时代，个体循规蹈矩的少，充斥叛逆的多。大众反叛时代的反叛意识和大众文化的消极作用强化了中小学生的叛逆行为，使其盲目追求庸俗的"时尚"，热衷于梦幻性追求。这种浮躁内隐于学生心灵，外显于学生学习生活，而呈厌学症状。

第三节　厌学的类型

厌学的孩子，以我们所谓的"差生"居多。"差生"的提法过于笼统，是学习基础差，学习成绩差，还是学习态度差，学习方法差？是思想品德素质差，还是行为规范遵守纪律差？是个人性格、心理行为有偏差，还是智商偏弱？各种各样，不一而足，所以不能一言以蔽之，要具体分析。

另外，厌学孩子类型的分法由于角度不同，依据不同，分析的结果也绝不一样。有的学生从学习成绩看是个"差生"，但从思想品德看说不定倒是个"优生"。

再则，所谓厌学并不是一成不变的，它是必然要发生变化的，或越变越差，或由"差"变好。关键是我们的工作能否打开他的心灵之门，激发起他成才的欲望，从而由"差"向好的方面转变。

一般来说，厌学孩子大致有下面几种类型：

1. 从德智体全面发展角度看

有的学生思想纯正、品德优良，但学习成绩却长期处于班级和年级的尾部；有的学生学习成绩不错，但在思想品德行为规范方面却很有欠缺，屡犯校纪校规，惹事生非；有的学生则思想品德和学习成绩皆不错，但身体却奇差，稍有不慎，便增添不少麻烦；还有的学生身体挺棒，品德和学习成绩都很差，所谓"双差生"，当然这样的学生是极少数，也应是教师工作的重点。

2. 从智力角度看

有的学生的确不聪明，虽不一定可称作弱智，但反应的确较一般学生要迟钝，再加上基础不好，学习方法不对头，所以尽管他要学，但积重难

返，成绩一直在低位滞留，这种情况，以女生为多；有的学生智力并不差，只是因为学习态度一直不够端正，贪玩，不肯下苦功，因此成绩也一直上不来，此情况以男生为多。

3. 从心理行为看

有的学生虽竭尽全力，也难有所成，尝够了失败的痛苦，故面对学习产生厌学情绪；有的学生则平时学习尚可，但一到考试就紧张，导致行为失常，且越是大考越紧张，越失常；有的学生则认为眼下努力为时尚早，自己从小学到初中都是靠临时抱佛脚、拼夜车干出来的，现在苦读不合算，不如到时候再说，故而成绩也难有起色。

总之，对"差生"要具体分析，要辩证分析，要用发展的眼光看。

正因为厌学孩子的类型各种各样，他们的心理也不尽相同，大致有以下几种情况：

1. 恨。恨自己"笨"，"不成器"，"不成钢"。这种心理主要是那些学习态度尚端正，但学习成绩总是无大起色的学生。他们不是没有拼搏过、奋斗过，却一次一次尝到失败的苦果，于是他们动摇了，退却了，丧失了自信。

2. 混。不正视。这种学生虽是"差生"，往往因家庭境况较好，而无紧迫感，热衷于穿名牌，交朋友，追明星、玩电脑，看到别人学习艰苦认为是不值得，且寻得"欢乐"、"开心"就行，做一天和尚撞一天钟，混到个毕业文凭就行。

3. 悔。这部分"差生"，他们对以往自己的所作所为造成的某方面"差"的状况后悔，为目前差人甚远而担忧，为找不到正确的方向而彷徨，为没有正确的"向导"而发愁。这部分人在"差生"中绝不占少数。

4. 灰。自暴自弃。这也是"差生"中一种较普遍的心理。他们认为，自己在思想品德或学习方面的"差"，甚或"双差"，如今已是积重难返，长期以来，老师已经形成了"某某是差生"的概念，我即使想努力，也未见有什么用。特别是那些"双差"生，以往也可能跟老师发生过争执，给老师留下过不好的印象，他们看自己前途，一片黑暗，于是也就缺乏前进的动力，缺乏前进的目标，而采取自暴自弃，"横竖横，拆牛棚"的态

度了。

5. 毁。这种心理"差生"是极少数。他们往往是因为经常受到老师的批评而恼怒，或受到误解而形成一种扭曲的变态的心理，于是就产生一种想毁掉自己或毁掉别人的念头。这种人人数甚少，但为害极大，若不注意防范，妥善处理，往往容易酿成苦果，造成极大的损失，所以一定要特别注意。

以上五种情况，且称作"五H"吧。

当然，实际表现中，情况则更为复杂，有的是半悔半恨，有的则是既灰又混，有的则是由恨而灰而毁，不一而足。

第四节　教师的原则及对策

社会的进步、教育的发展，使教师的角色从单一走向多元，从单纯走向复杂。教师不仅承担着"传道、授业、解惑"的重任，还担负着共同交流者、组织管理者、赏识激励者、精神关怀者、实践研究者等多重角色。担当不同的角色，对我们老师提出的要求也不同。

作为一名教师，对学生特别是对厌学的差生，要做到：诚、爱、严、宽、实。现具体阐述相应的做法：

1. 诚

首先要摆正自己与学生的位置，要认识到教师是"传道授业解惑者"，同时教师又是以学生为服务对象的，即教师是为学生服务的，教师的任务不仅是教知识，讲道理，更是为促使学生成才，成人而创造条件。要让学生相信你，愿意你为他服务，你就必须坚持一个"诚"字，以诚待人，以诚取信。

2. 爱

教师对学生的爱，是无私的，是高尚的，这是教师一切行为的内在动力。但一般说来，教师的爱的"甘露"洒向那些聪明伶俐成绩好的学生比较多，洒向那些学习成绩差、行为规范差的学生则比较少。事实上，较之于好生，"差生"更需要关心，需要老师的爱的滋润。

3. 严

对学生的爱要在心中，在行动中则表现为"严"。学生犹如一棵棵正在成长的小树，既需要阳光雨露的滋润，又需要施肥、剪枝、除虫的管理，所以要严格管理，要按照中学生行为规范来约束管理他们，培养他们

遵守行为规范的好习惯。

4. 宽

对学生在思想教育、行为规范方面要求要严，但处理某些具体问题又要宽以待人，即使对于那些犯了较严重错误的同学也要处理慎重，不能"一棍子打死"，不能动辄定为"品质"问题，因为他们毕竟还是学生，有这样那样的缺点和犯这样那样的错误，都是正常的。好的班主任，一般不给学生以处分，而是教育从严，管理从严，处理则从宽，因为这处分很可能会挫伤学生的自尊心，给他们的心灵上笼上阴影，很可能会给他带来终生的遗憾。

5. 实

帮助"差生"，一方面是指出方向、找出差距、树立信心，一方面又要实实在在地帮他解决实际问题，一定要落到实处，一丝不苟，而不是点到为止。

厌学学生的转化是至关重要的，是难点，也是重点。学习的升学率要有所突破，关键在厌学学生的转化上。教师要落实"人人成才"的目标，重点就在差生转化上。教师们的工作要有所突破，难点就在差生转化上。让我们来关心厌学的孩子，尊重他们、爱护他们，同时，将我们的"人人成才"落到实处。

对于厌学的学生，要先找出厌学的原因，才能对症下药：

1. 对待智力上有缺陷的学生，老师要给予特别的关爱。

上课提问时要注意多给他们表现的机会，多当堂表扬；课后作业可做弹性修改；与家长交流时更要注意多表扬孩子的进步，给他们以学习的信心和动力。

2. 对待偏科学生，老师要均衡眼光看待他们，帮他们找到合适的学习方法。

3. 对待网瘾生，老师要帮助他们发现学习中的乐趣。

上网成瘾的学生，多半是在学习中既找不到兴趣点也收获不到成就感的学生。他们往往自控能力差，也没有强烈的学习动机，因而他们的学习态度也更差。对待这样的学生，教师要帮助他们发现学习中的乐趣，尤其

要注意培养他们自主学习的能力，与家长通力合作，共同矫正这类学生上网成瘾耽误学习的行为。

4. 对待情商上有缺陷的学生，老师们要春风化雨式地谆谆劝导。

有的学生厌学仅仅是对任课教师不满意。这种不满意可能跟教师本身的业务水平、人格魅力有关系，也可能源于该生自己不会处理跟老师的关系。对待性格倔、脾气拗、心胸狭隘的学生，厌学问题的解决不是一朝一夕的事。教师要抱着不计较的心态，放低姿态，耐心主动地跟学生沟通，与之建立和谐友好的师生关系。

案例

走出厌学情绪的低谷

丁力，男，初二年级学生，对学习无兴趣，上课不是趴在桌子上睡觉就是思想开小差，或者大声乱插嘴，小动作不断，经常忘带书本和作业，提醒、批评、警告等均收效甚微。由于老师经常批评该同学，其他同学极少与他交往，而且普遍讨厌他，仅有个别其他班学生与之为友。常伴有自暴自弃的心态："我就是读不好书了，我就这样了。"对学习有一种说不出的苦闷感，一提到学习就心烦意乱，想发火，时常逃学去打电脑游戏。

根据丁力的表现，我初步诊断为学习无动力，无兴趣，不认真，不努力。学习习惯差，上课注意力不集中，作业马虎，没有预习复习习惯，作业拖拉等。对学习有明显的厌倦情绪，持冷漠态度的心理、行为。其实质就是厌学。

从家庭方面来看，其父亲常上夜班，母亲在一家大饭店做经理，没有空余时间关心丁力。父亲教育方法粗暴简单，而母亲溺爱，使孩子个性倔强又很自卑，对自己评价较低。

从他本人来看，丁力学习目的不明确，对学习活动不感兴趣，自我控制能力差，缺乏自信和勇气，环境关系和人际关系导致他产生心理困扰。在学校他认为老师同学都不喜欢他，故意与他作对，从而导致厌学，甚至故意不做作业。

辅导目标与策略：

1. 立足于培养自主性、主体性

对丁力加强对学习的指导。学生正处于一个心理萌动时期，生理、心理都在急剧变化并趋向成熟，在这一时期，道德的、认识的、情绪的、兴趣的、自我的和性的变化同时发生，而每个学生都有发展的潜能，教师要帮助他们克服对人事的片面看法，帮助他们面对纷繁的环境，培养起自主性、主体性的观念。

2. 通过适当的集体生活，培养学生良好的人际关系

为了使每个学生能够度过愉快的学校生活，建立良好的学生集体是极为重要的。

3. 改变学习及指导方法

学业不良是厌学的重要原因，教师要帮助学生打好基础，逐步提高其学习兴趣和学习成绩。

4. 培养良好的学习习惯

要针对丁力好胜心强和意志力弱的特点，要特别注意启发他的自觉、自制，培养其自立、自律、自强的能力，指导他制订计划，引导他为实现目标而脚踏实地地行动并形成习惯，及时反馈，赋予责任，强化动机，是培养良好习惯，提高厌学学生自信心的方法。

辅导过程

1. 从赏识开始，进入心理辅导

丁力厌学，但电脑游戏很精通，第一次咨询就从电脑游戏开始：

师："听说你电脑游戏很精通，是玩游戏的高手，跟谁学的？"

丁力："我自己上网玩得多了就会了。"

师流露出赞赏的神态，点头说："哦，原来你这么聪明呀。"

师："以后老师不懂的，你能教我吗？"

丁力显得有点疑惑，问："真的？"

师看着他，认真地点头说："真的。"

丁力这时显得有点兴奋，话匣子就打开了，从各类游戏讲到家庭环境。我更了解到他的爸爸只要一听到学习成绩不好或他在学校出事情，就

不问青红皂白地打他。我用手摸摸他表示同情，又用语言安慰他。

师又问："那你是怎么看待学习的?"

丁力："我觉得学习没劲，要做很多作业，还要考试，很苦很累。再说我不做作业，有时候也能考出好成绩。还不如有时间干自己喜欢的事。"

师："你说读书很苦很累，你能说得更具体些吗?"

丁力："我也说不出，反正就觉得苦，觉得累。"

师："你如果跟二万五千里长征时红军相比，你觉得比他们苦、比他们累吗?"

这时丁力有点羞涩，轻轻地说："那肯定比不上。"

师："你的苦和累是不是指你一看书做作业就觉得头痛?"

丁力点点头。

师："你说你不做作业也能考好试，那你考好了几次，多少分?"

丁力这时有点难为情，低下头说："就一次，语文考了 61 分。"

接着就给他分析了这次考的好的原因是因为作文切题才及格的，而学习觉得苦累是因为长期不认真学习，沉迷于游戏，对学习失去兴趣，造成了厌学。通过分析客观事实，使丁力形成新的正确的认知和情感。后来又继续询问了他和老师、同学间的关系。

通过这次交谈，使我了解到父母的简单教育不但没能使他明辨是非，反而使他与老师、学校产生了对立的情绪。这次谈话让他也意识到自己存在一些非理性信念，只有改变自己的不合理想法并代之以新的想法，才能增强自己学习的兴趣。所以辅导的重点是放在对不合理信念的识别、领悟方面，学会区分理性与非理性信念，逐步建立良性认知模式。

2. 对家长进行心理疏导，引导家长走出家教的误区

如家长过分保护等，认清教育孩子学习的意义，从而进一步构建学习型家庭。

3. 与其他老师沟通

一次在得知语文默写时，我预先告知了丁力，要他认真复习。第二天，他的默写得了 75 分，老师给予了充分的表扬。同时，其他的任课老师也配合在课堂上让他回答一些简单的问题。正确率的提高，使他的学习自

信也有了很大程度的提高。同时我又联系，班级中两个读书好的学生跟他做朋友，在学习上帮助他，使他感到同学的关心，集体的温暖，从而进一步去除他的厌学心理。

在老师、同学的共同关心下，丁力不交作业现象渐渐少了。在家里也会复习功课了。看到他的进步，他父母非常高兴，说将进一步配合老师，使他进步得更快。

案例分析：

1. 孩子的健康成长离不开父母，家庭环境是现代家庭教育的重要环节。父母要尽可能多与子女接触，尽可能多教会他们一些做人的道理，对他们的学习要多关心，尽量做到每天关心他们的学习情况，让孩子心理上有种紧迫感。如果发现孩子成绩有所下降或是出现违纪现象，不能简单粗暴地斥责或打骂他们，而应耐心与他们交谈，帮助他们分析成绩下降的原因和违纪的严重后果，使他们自己认识到错误危害。平时多与学校联系，及时了解孩子在校时的学习生活情况，配合学校对孩子进行教育。

2. 教师要根据学生的特点，因材施教，寓教于乐，利用丰富多彩的教学形式使原本枯燥无味的知识变得生动有趣，从而激发学生们的学习兴趣。

3. 班主任对于有厌学情绪的学生不能不闻不问，更不能横眉冷对，厉声呵斥，那样只会让他们产生逆反心理。班主任应该多与他们交谈，找到他们厌学的根源，帮助他们找回学习的自信和兴趣。

第二章　明确学习动机

在学生厌学的种种原因中，学生学习动机不足或不明确是一个重要因素。在心理学中，动机是指引起和维持个体的活动，并使活动朝向某一目标的内部心理过程或内部动力。目前学生动机不足或不明确的现象极为严重。究其原因：①社会不良因素的影响。社会不良风气也走进了学校，影响了学生的学习动机。②家庭因素的影响。一些学生受到家长及社会的影响，误认为知识不重要，花钱读书不合算，认为知识够用，不如早点参加工作或经商赚钱好。③学生本身对为什么学习不明确。学习是为了应付家长或者只是有书读就可以，而没有自己的理想和抱负。

要让学生明白，学习不是为了家长，不是为了应付考试，学习是自己的事，是关乎自己一生成功与幸福的人生大事。

第一节　让学生学会独立思考

教师在课堂上和平时生活中，要注意让学生学会独立思考。

歌德说："缺少知识就无法思考，缺少思考就不会有知识。"人类社会一切伟大的成果都是经过反复思考、探索、实践而完成的。拉开历史的帷幕就会发现，古今中外凡是取得重大成就的人，都经过了一番艰苦的思考。

大科学家爱因斯坦曾说："学会独立思考和独立判断比获得知识更重要。不下决心培养思考习惯的人，便失去了生活的最大乐趣。发展独立思考和独立判断的一般能力，应当始终放在首位，而不应当把获得专业知识放在首位。"可见，学会独立思考，对于一个人的成长非常重要！

一个真正善于思考的人，是一个力量无边的人。然而，现在很多学生都缺乏独立思考的能力，他们或是遇到困难就逃避，等待老师和家长帮他们排疑解惑；或是盲目地接受别人灌输给自己的任何信息，不加选择与甄别；或是仅有独立思考的意识，却无如此实施下去的能力，等等。不会独立思考的学生，但凡遇到困难就求助于人，他们对家长和老师们形成了强烈的依赖。随着他们的疑问日益增多，家长和老师们不可能及时而细致地解答他们大大小小的困惑，久而久之，这些学生的心理就会产生一种厌烦心理。他们厌烦接踵而至的麻烦，厌烦自己处于一种四面无援的困境，甚至对学习都产生了厌烦与畏惧。

其实，这些学生出现问题的根源就在于不能很好地独立思考。如果能将这个本质性的问题解决好，那么，重新建立起学生对学习的兴趣和培养他们面对困难的泰然处之的态度，将变得指日可待。

案例

推导概念

对学生的知识输入有两类情形，一是通过启发，由孩子自己找到答案，另一种就是由老师直接告诉。但在李老师的教学中，很少出现直接告诉的情形。就是一个数学公式也可以采取讨论、探索的方式去发现，让孩子自己推导，自己发现真理。

公式是由人归纳出来的，问题的关键在于老师充当什么角色，怎样引导，引导得好，孩子自己就能发现，即使不能全部发现，也能发现其中一部分。退一步讲，即便完全发现不了，但是起码探索了，寻找了，李老师认为这个探索与寻找的过程甚至要比能不能发现结果更加重要。再说，知识的输入本身制造了一个很好的契机，那样才能引起探索的兴趣。一个好老师，应该有智慧发现孩子需要什么，知道所给的东西是不是适合孩子。

比如"色彩的冷暖对比"的概念，李老师不直接说"暖色是什么？""冷色是什么？"她在纸上用暖色画一堆火，再用冷色画一堆火，然后问：这两堆火，哪一堆看上去是暖和的？同学们说第一堆是暖和的。李老师问为什么？他们答不出理由，只说第一堆就是暖和的。李老师让大家上来摸一摸，试试是不是第一堆发暖，第二堆发冷。他们上来摸，摸完了说："老师，两堆的感觉一样，没有一个发暖一个发冷的感觉。"李老师启发同学们："摸起来感觉一样，但为什么看起来不一样呢？"

这时候，有孩子举起手来，说："感觉发暖的因为看来像太阳的颜色，像着了火，发凉的像水的颜色，所以就冷。"李老师问："那么发暖的颜色应该叫做什么？"他们说："暖色。"李老师又问："发冷的呢？"他们说："冷色。"

李老师顺着说："如果想使暖色更暖，你们想想，应该在它的旁边加上什么颜色？"他们说："再加红。"李老师就在火的周围加红，直到那堆火看不见了，完全混到红色里面了。她说："老师按照你们的意思加了红，可是火堆不见了，这是怎么回事儿？"

孩子开始在下面议论，有的说不应该加红，应该加蓝，这样才能使红火更红。李老师就在火的周围加了一片蓝色，结果孩子欢呼起来，因为他

们发现加蓝之后那堆火真的更加红了。李老师说："你们发现了什么？是不是想使一块暖颜色显得更暖，就要用与它相反的颜色衬托？"他们说："是。"李老师说："那么，要想使冷色更冷呢？"他们说："用暖色衬托。""如果我们要给这种现象安一个名词的话，应该称作什么？"有的说这样，有的说那样，没有一个说出"对比"这个词的。

其实，能不能说出正确的名词并不重要，名词本来都是人安的，关键要理解那个内涵。其实，课上到这个份儿上，"冷暖对比"的概念已经由孩子自己推导出来了，你只要把名称告诉他们就行了。

案例分析：

案例中的李老师没有采取一般的灌输式教育方法，而是调动同学们的积极性，鼓励他们进行独立思考，进而依靠大家自己的智慧推导出老师欲将的概念。如何锻炼学生独立思考的积极性呢？下面几点意见，仅供参考：

1. 鼓励学生大胆发表自己的意见。一般来说，敢于发表意见的孩子的思维比较活跃，分析问题也比较透彻。所以，要敢于在公共场合畅所欲言，即使出现了错误也不用怕。

2. 培养学生的探索精神。要发扬学生们"打破砂锅问到底"的精神，每当遇见新事物，要让他们深入地去了解，摸一摸、问一问。另外，敢于"异想天开"，这些都会有助于他们在解决问题时善于从多方面思考，从而提高学习兴趣和思维能力。

3. 帮助学生建立独立处理问题的意识。在生活中、学习中，学生们难免会遇到各种各样的问题，他们要学会分析、归纳以及设想解决的方法与程序，从而独立设计解决方案。这对于提高思维能力和解决问题的能力大有益处。

4. 丰富学生的知识与经验。很多时候，学生不能很好地独立思考，这并不是因为不知道思考的方法，而是在逻辑思考或推理的时候，往往因为知识和经验有限而无法得出正确结论。所以，要帮助他们积极丰富知识和经验，打开广泛想象的思路，从而拓展思维领域。

5. 培养学生的推理能力。推理能力是思考能力中比较重要的一个方面，推理需要对概念等有深刻的理解才能进行，要在平时注意理解一些概念性的事物，也可以多做一些有意思的推理题目。

案例

中西比较

一位美国老师想教孩子画苹果，他就会给孩子一个苹果，让孩子自己去摆弄、观察，然后根据自己的认识去画。而同样一个中国的老师教孩子画苹果，他的步骤是认真讲解示范，告诉孩子从哪儿起笔、到哪儿落笔，让孩子记住这些步骤，然后模仿着画。

5 岁的美国男孩 Jack 在老师的建议下画苹果。老师把画画用到的工具，画本、铅笔橡皮、彩笔等为 Jack 准备齐全，又在他面前放置了一个苹果，然后就离开了。至于苹果应该是什么形状的、应该被涂成什么颜色、整个画纸如何布局等具体问题，Jack 的老师并没有给予他任何建议，老师唯一能做的，就是充分相信 Jack，相信他可以用自己的心灵去感悟，用自己的眼睛去观察，用自己的手指去描绘。至于 Jack 会画出什么样的苹果并不重要，用 Jack 老师的话说："重要的是，他在独立完成自己的作品。"

到了最后，Jack 与其他的同学在画纸上"创造"出了各种各样的苹果，有规规矩矩的红苹果，有被咬了一口的绿苹果。Jack 听说过圣经故事"一个金苹果"，于是，他就画出了一个黄灿灿的"金苹果"。

5 岁的中国男孩坤坤在老师的要求下，端端正正坐在课桌前，准备着学画苹果。坤坤的老师先帮坤坤和其他孩子准备齐全了画画用到的纸笔，然后向孩子们简单演示了画苹果的前后步骤：先用铅笔勾勒出轮廓，之后用橡皮进行修改，等苹果的雏形有了以后，才能进行上色。而适合苹果的颜色，老师说，一般上都是大红色。在确认坤坤都明白了以后，老师又几乎手把手地带着孩子在纸上画了圆形的、大大的、红色的苹果。

下课的时候，坤坤和其他同学都交上了各自的作品，无一例外，老师看到的都是依她的言语之"葫芦"而画出来的大同小异的"瓢"。

同样是画苹果，不同文化背景下的老师，却选择了不同的教育方法。

案例分析：

现代心理学表明，创造力与想象力关系密切。具有创造力的人一般具有超强的想象力，因而培养孩子的想象力具有重大意义。对于孩子而言，他们常常会有出人意料的梦想。现实是重要的，梦想也是重要的。梦想对于孩子是一种解放，会使孩子从现实的束缚走进自由的世界。泯灭孩子们的幻想就等于把现实的一切变成束缚，使孩子的创造力受到抑制。

育人如同育树："能顺木之天，以至其性焉尔。"这是指教育要尊重孩子的天性，让孩子自由发展。但是在教学实践中，尊重学生却有一个"度"的问题：只有讲究好分寸，把握好尺度，才能使老师的有意引导和学生的自主发展达到和谐统一。要解决这个问题，需要注意处理好以下几点：

1. 要坚持平等的原则，给学生以自由。老师要努力营造和谐的氛围，允许学生根据自己的意愿选择，鼓励学生自己作一些决策。

2. 自由发展与遵守规范相结合。老师既要给学生充分的自由发展空间，也不能放任学生。只有自由与规范相结合的教育才真正有利于学生的身心健康发展。

3. 老师的要求尽量做到与学生的兴趣相结合。老师既要尊重孩子的兴趣，最大限度地发挥孩子的潜能，又要及时提出要求，及时加以引导。

4. 要给孩子自己走路的机会。我们不赞成将一切强加给学生们的培养计划，认为最好的办法应该是给学生们建议，在他们真有困难和问题时拉上一把。也许，在学生们独立自主地完成一个又一个任务的同时，他们真的能创造出令人不可思议的小奇迹。

第二节 激发孩子的求知欲

我国古代的教育家王筠在《教童子法》中提到"人皆寻乐，谁肯寻苦？读书虽不如嬉戏乐，然书中得有乐趣，亦相从矣。"可见，在学问之路上，兴趣是第一重要的。没有兴趣推动的智力活动，其维持与发展都是不可能的。在提倡素质教育的今天，如何激发学生们强烈的学习热情，确实值得所有为人师者研究探讨。

很多学生因为各种各样的原因，对学习提不起兴趣，他们没有学习的冲动，缺乏学习的热情。学习，在他们眼中日渐变成一个令人头疼的"苦差事"。屈原有言："路漫漫其修远兮，吾将上下而求索"，学生才刚刚踏上了漫漫求学路就产生了消极的厌学心理，又何谈以后漫漫的"求索"之路？那肯定是充满痛苦与不情愿的。

兴趣是最好的老师。如果老师们能帮助学生挖掘出他们各自的情趣，并尽可能提供条件，使他们的兴趣有"用武之地"。那么，老师们就不必三令五申地为学生发号施令，并费尽口舌地向学生灌输"多学一点"的思想。找到了兴趣的学生，就像找到了属于自己蓝天的小鸟，他们有的是放飞兴趣的翅膀，有的是克服困难的信息，有的是不断挑战的勇气。老师的责任，就是帮助这些迷途中困惑的学生找到他们真正的兴趣，给他们打开一扇通向浩瀚知识宝库的窗户。

案例

"打屁虫"事件

"单是周围的短短的泥墙根一带，就有无限趣味。油蛉在这里低唱，

蟋蟀们在这里弹琴。翻开断砖来，有时会遇见蜈蚣；还有斑蝥，倘若用手指按住它的脊梁，便会拍的一声，从后窍喷出一阵烟雾……"语文课上，学生们正齐声朗读着鲁迅先生的《从百草园到三味书屋》中的经典名段。突然，一声尖利的怪叫伴随着一阵恶臭彻底破坏了教室里的秩序。课文朗读声戛然而止，学生们一个个伸颈、侧目、掩鼻，皱眉。

"嘿嘿嘿嘿……"教室一角，有人笑岔了气。笑声与这阵骚乱是这样不合拍，是哪个学生吃了熊心豹子胆，敢在这种"非常时期"唱"独角戏"？我举目四顾，原来是班里赫赫有名的"恶作剧专业户"小鹏。他浑身筛糠一般笑得东倒西歪，完全无视课堂的组织纪律。他肆无忌惮的表演顿时吸引了全班同学的目光。公然把蟑螂带进课堂的是他，提着剥了皮的青蛙在教室里招摇的是他，怀抱小猫、小狗走进教室的还是他……今天发生的这场骚乱，百分之百又是源于他的一手策划。私下里，我不知找他谈过多少次话、交过多少次心，可他仍然为所欲为。这不摆明了是无视班纪校规吗？"三句好话当不得一马牯棒棒"，对这样的学生，或许只有实施严厉的惩罚才能让他迷途知返。

"站起来。"我用手一指小鹏，示意他罚站。他好不容易才止住笑声，歪歪唧唧地站了起来。几乎同时，我看见，几只"打屁虫"正潇洒惬意地在他的课桌上爬来爬去。刚才的尖叫声，肯定是邻桌的女生小梅被这可怕的一幕吓傻了的结果。那阵恶臭，绝对是这几只"打屁虫"的"杰作"。

"怎么回事？"我气不打一处来。"我在做一个试验。"见我动了怒，小鹏老实地交待。"用'打屁虫'做试验？"我疑窦顿生。"它们不是'打屁虫'，而是斑蝥。它们真的像书中所说的那样，只要被按住了脊梁，就会从后窍喷出一阵烟雾呢。您不是教导我们要注意观察生活吗？我只是让大家见识见识斑蝥的模样与特异功能。"他振振有词。我心一颤，多么滑稽而幼稚的想法，多么纯真而无瑕的童心。虽然这一举动引起了课堂小小的骚动，但孩子的用心是好的。当然，作为老师，盛怒之下，我完全可以让他尝尝违纪被处罚的滋味，以儆效尤。但作为一个在教育一线摸爬滚打了十几载的老教师，我更清楚粗暴背后搭进去的可能是一个孩子一辈子的前

程。老师就应该呵护孩子心中绽放的那朵求知的花蕾，也许，许多新奇的科学发现就隐藏在孩子们的奇思妙想与对未知事物强烈的探究欲望里。由于熟视无睹，由于思维僵化，成年的我们大都凭老眼光、旧经验苟延残喘，往往见不得孩子们的心血来潮、标新立异，这无疑是对天真童心的扼杀，是对民族未来希望的摧残。既然孩子已手持打开未知世界大门的钥匙，作为老师，我怎忍心再责备，埋怨、阻止呢？

"这倒很有意思。想不到你还真是个生活的有心人，为班级带来了这么好的观察素材，真难得。学问之路上，只要我们每一个人都有这种穷根究底的精神，都有这种实践考证的意志，还有什么样的疑难不能解决，还有什么样的科学奥秘不能发掘？"我带头为他这一新奇的思想鼓掌。他一惊一愣，随后咧开嘴巴得意地笑了。"下面让我们有请小鹏同学与他的'打屁虫队伍'为我们即兴表演。"我客气地将了他一军。他"带"着他的"表演队"登上了讲台，随着他手指的几起几落，一阵阵恶臭不断蔓延到班级的角角落落。同学们兴奋而厌恶地又一次体验了臭气熏天的滋味，一个个情绪高涨。

"很臭是吗？"我明知故问。同学们七嘴八舌地畅谈着闻臭的感受。"'打屁虫'虽然模样可憎，但也是大自然赠送给我们人类的一件礼物。小鹏同学观察细致，我们班就只有他找到了斑蝥，确实不简单。这说明他的探究思维已远远走在班级同学的前列，假以时日，他一定会成为某个方面的专家。"听着我的怪论，同学们露出不太信服的神色。我笑笑，进一步启发道："当然，我在此并非鼓励同学们以后多带'打屁虫'之类的东西进入课堂。我是想告诉大家，兴趣才是最好的老师。瓦特对蒸汽冲动壶盖感兴趣，发明了引发人类第一次工业革命的蒸汽机，牛顿对苹果落地感兴趣发现了万有引力。法布尔对昆虫情有独钟，写下了令世人津津乐道的《昆虫记》；鲁迅对文学感兴趣，终于成为中国文坛的闯将、旗手……假以时日，我们的小鹏同学凭借着对大自然奥秘探究的兴趣，说不定也能成为一位优秀的科学家或艺术家呢。"学生们紧蹙的眉头渐渐舒展开来。我的一番宏论激起了学生们极大的兴趣。"老师，喷气式飞机是根据'打屁虫'打屁的原理发明的吗？""农村用的喷雾器是不是受到了'打屁虫'打屁的

启发?"……这样的怪问题不一而足。

这堂课的教学内容我是完不成了,但我的内心却无比快乐,因为我激起了孩子们潜藏在心底的对未知世界探索的热情,这才是弥足珍贵的。

案例分析:

宋代教育家朱熹说过:"教人未见意趣,必不乐学。"苏联教育家苏霍姆林斯基也说过:"人的内心有一种根深蒂固的需要——看到自己是发现者、研究者、探索者。在儿童的世界里这种需求特别强烈。"可见,兴趣之于学习相当重要,它是激发学生创造性思维的推进器,是一个人成就非凡业绩的动力源泉。

因《三都赋》而蜚声西晋文坛的左思,小时,其父想让他成为书法家,但他对书法却毫无兴趣。父亲不得已又让他学琴,结果学了好长一段时间也弹不出一支像样的曲子。万般无奈之下,其父见他记忆力强,爱好文学作品,于是引导他学文。自此,他如鱼得水,终成一代文豪。

丁肇中对物理有浓厚的兴趣。20岁时,他远涉重洋到美国密歇根大学学习物理和数学。3年多的时间里,他刻苦攻读,把全部精力都贯注于学业之中。有人问他:"你这样刻苦攻读,不觉得苦吗?"他笑着答道:"不,一点也不,没有任何人强迫我这样做。正相反,我觉得很快乐,因为我有兴趣,我急于要探索物理世界的秘密。"正是凭借着对物理学的浓厚兴趣,他终于登上了当代物理科学探究的最高峰,获得了诺贝尔物理学奖。

兴趣是一个人成才路上最好的老师。作为老师,积极发掘学生们对未知事物的探索热情,巧用设悬激趣、新奇事物激趣、幽默表达激趣、现代传媒和直观教具激趣等激趣教学法刻不容缓,更应使之伴随教育活动的始终。案例中的老师看到学生的捣乱行为,不但没有和其他老师一样,对学生立即实行训教、惩罚,而是耐心地了解学生有如此行为的背后原因。当老师得知学生是对昆虫感兴趣以后,他又积极鼓励学生探索下去,并援引古代先贤的诸多例子,给学生以激励和信心。可以说,这个老师是"伯乐",他发现了一匹有特殊天赋的"千里马"。

案例

犹太爱书传统

在犹太人家里，小孩子稍微懂事，母亲就会翻开圣经，滴一点蜂蜜在上面，然后叫孩子去舔圣经上的蜂蜜。这仪式的用意是告诉孩子：学东西是甜蜜的，读书是甜蜜的，应该抱着欣喜和愉悦的心情来学习，来读书。

犹太家庭的孩子几乎都被问过这样一个问题："假如有一天家里着火了，剩下的不是金钱，也不是财物，而是智慧！因为智慧是任何人也抢不走的，你只要活着，智慧就永远跟着你。"而智慧的培养又岂能离开教育和读书？

古时候，犹太人的墓里常常放有书本。说是在夜深人静时，死人会出来看书的。这种做法象征着：生命有结束的时候，求知却永无止境。犹太人家庭还有一个世代相传的传统，那就是书橱要放在床头。要是放在床尾，就会被认为是对书的不敬而被禁止。犹太人不禁书，即使是一本攻击犹太人的书。

犹太人爱书的传统由来已久，深入人心。联合国教科文组织1988年的调查表明，在以犹太人为主要人口的以色列，14岁以上的以色列人平均每月读一本书；全国的公共图书馆和大学图书馆1000多所，平均每4500人就有一所图书馆。在450万人口的以色列，办有借书证的就有100万。在人均拥有图书馆和出版社及每年人均读书的比例上，以色列超过世界上任何一个国家，为世界之最。

案例分析：

学生由于年纪尚小，读书兴趣还处在萌芽阶段，因此，对事物的喜欢或不喜欢，都只是相对的。不少孩子不喜欢读书，这并不表示他们对读书无兴趣，他们的兴趣还徘徊于读书、玩耍、看电视、玩游戏等之间，而他们更喜欢选择后面的三者。因为这个时期的孩子多喜欢动，电视、网络给他们提供的信息比书给他们提供的信息可能更有冲击力，而与同伴玩耍更是他们喜好的。

培根说过："知识就是力量"。作为教育者，老师们一定要带学生步入

知识的殿堂，让他们在知识浩瀚无边的海洋中，自由汲取成长所需要的各种"养分"。知识是没有边界的，对某个知识点的浓厚兴趣，可能就会成为一个学生向知识海洋的纵深处不断迈步的起点。我们要不断发现学生的兴趣点，再以兴趣点为出发点，找到学生们感兴趣的领域。当作为引路人的老师能将这些都做好，相信学生们一定会"海阔凭鱼跃，天高任鸟飞"的。以下建议供教师们参考：

1. 激发学生对阅读的热爱。

可以将阅读活动比作"书中寻宝"，书本的"半亩方塘"之中有无限风光，无限趣味，教师要让孩子有一种想进入书本世界的冲动。知识的世界是多种多样的，拓展学生的阅读面，给他们多一些选择的机会，他们可能就会在其中找到自己感兴趣的东西。仅仅靠课堂上学到的那点知识是远远不够的，仅仅依靠老师的言传身教是大大受限的，教师应该指引学生进行广泛的课外阅读，并且让学生们在这些间接经验的学习中，找到真正符合自己口味，适合自己特点，满足自己爱好的某一点或某些点。

2. 帮助孩子选择好书。

对阅读初期时书的选择，教师要发挥主导作用，要适当让孩子去书店的海洋里自我寻觅。"尽信书则不如无书"，学生没有足够的能力鉴别哪些是精华，哪些是糟粕，这个去粗取精，去伪存真的任务，当然就落到了教师的头上。一本好书，可以开启学生们的心灵，一本坏书，也可以诱导学生们误入歧途。

3. 不仅夸学生"爱看书"，更要夸学生"会看书"。

夸学生爱看书，他们得到的可能是一个欣赏和夸奖，而夸学生会看书可能就带有着赞赏和鼓励了，比一般爱看书还多了点聪明和方法。"爱看书"只是一种现象，"会看书"则是一种境界，夸奖学生"会看书"，这中间的分量就和前者大相径庭了。鼓励会给学生以自信，得到了一定的夸奖，他们会不由自主地再接再厉、步步向上。

4. 只有会读书，才能爱读书，更能读好书。

教师要经常与孩子交流读书的方法和心得，鼓励学生们把书中的故事情节或具体内容复述出来，把自己的看法和观点讲出来，然后大家一起分

析、讨论。定期地召开读书交流会不失为一个不错的方法，它可以提供一个良好的平台，让同学们各抒己见，相互学习，教师同时也可以从中找到学生们各自的兴趣所在，从而有的放矢地帮学生们挖掘潜力、发挥优势。

5. 给孩子讲一些名人因热爱读书而成功的故事、事例。

这些故事和事例在某种程度上能激发起孩子读书的兴趣，让孩子读书有了动力，也有了效仿的榜样。许多学者和作家童年时就有读书的好习惯，教师可以利用名人的故事开启孩子向往读书的心扉。有了榜样的力量，学生可以找到具体的效仿对象，找到可以参照的目标。

第三节　给孩子多一些鼓励

美国前总统柯立芝的一位女秘书为他准备的公文总是毛病百出，柯立芝为此伤透了脑筋。有一天，女秘书刚走进办公室，柯立芝就夸奖她的衣服很好看，盛赞她的美丽。女秘书受宠若惊。要知道，总统平时很少这样夸奖人的。柯立芝接着说："相信你的工作也可以像你的人一样都做得很漂亮。"果然，女秘书的公文自此以后再没出现过什么错误。

美国作家马克·吐温说："仅靠一个赞美，我就能很好地活两个月。"人类本质中最殷切的需求是渴望被肯定。被人赞美是令人喜悦的事情，恰如其分的赞美，能使人感受到人际间的理解与温馨，并增进赞美者与被赞美者之间的良性心理交流。面对犯错的学生，教师恰当地运用意外赞美，更能收到比批评好得多的效果。

语言具有神奇的力量，可以摧毁一个人，也可以改造一个人。意外赞美是照在人们心中的阳光，是点燃憧憬和希望的火种，是带给人们温馨和感激的春风。即使是面对犯错的学生，老师们也千万别吝啬我们的"意外赞美"。

有的时候，学生厌学，就是因为他们一直都有一种挫败感，得不到认可，更得不到赞扬。每一个孩子都是一个希望，对于每一个希望，教师朋友们有责任去呵护他们、关爱他们。然而，教师对学生的鼓励与欣赏，不仅仅是表面上看到的那么简单，它在很大程度上影响着学生的学习兴趣、积极性，甚至是学生对某门课程的学习态度。因此，多以欣赏的眼光看待学生，让他们在自信、成功的心态中学习，对教师提高学生学习质量乃至培养健全人格都是非常重要的。

案例

带"网虫"走出"恋网"

美国心理学家威廉·詹姆斯说过:"人性最深刻的原则就是希望别人对自己加以赏识。"对学生的赏识和激励是班主任心底流淌的温情,它如春风般和煦,如夏荫般宜人,它能巧妙实现师生的情感对接。

那天,要不是周妈妈来校打探实情,我做梦都不会想到,一个老师眼中的优等生,父母心中的乖乖崽,竟然也有如此见不得阳光的"劣迹"。

"李老师吗?我是周鹏的母亲,想向你打探一件事情。"周妈妈说出了心中的疑问,"本学期你们班收费是不是很频繁,隔三岔五收个十元八元的?"收费是义务教育学校最为敏感的一根神经,上面三令五申不准教师向学生及学生家长伸手,国家的相关政策法规我还是懂的,不要说我们班级,就是我们学校本学期来还从未向学生家长伸过手,我如实说明了情况。"不是说这个星期一要收十元钱的报刊杂志费吗?"周妈妈说得有板有眼。

原来,周妈妈夫妻俩在镇上开了一家裁缝店,平日生意繁忙,鲜有时间顾及孩子的学习情况,不过小家伙还算听话,从小学到初中,成绩一直不错,孩子要个零花钱什么的,夫妻俩从不含糊,更不用说学校收点费了。可本学期以来,孩子要钱要得格外勤。问他,他总说学校又要收某种杂费。时间长了,夫妻俩心底嘀咕开了:"就是收费吧,也不可能收得这么勤呀。"这才跑到学校来问个究竟。

这孩子,拿这么多的钱到底干什么去了呢?带着疑问,我细细向班级学生了解情况,并与周鹏进行了交谈,问题马上水落石出了。原来,在周鹏上学的路上有几家网吧,网吧里总挤满了人。尤其是节假日,一堆堆的中小学生总爱到网吧冲浪。起初,老实憨厚的周鹏只是站在一旁看别人玩,时间长了,也不免手痒,手一痒要收手可就难了,自然是越陷越深,一发不可收拾了。

教育者的责任与良心提醒我,我不能眼看着一朵灿烂的迎春花因为痴迷于上网而变成一枝让人厌恶的罂粟。

我深入分析这个品学皆优的学生渐渐沦为"网虫"的深层次原因。

首先是网络本身的原因。精彩新奇的网络世界原本对孩子就极有吸引力。各种各样新奇有趣的网络游戏、虚拟空间网友的真情对白与交流等远比课堂上老师枯燥单调的说教有趣得多。其次是周鹏自身的原因。周鹏性格内向，难得跟同学交流，而虚拟的网络世界正好为孩子营造了一个充满梦幻色彩的童话世界，满足了孩子内心的需求，使他在虚拟的世界里寻到了几丝心灵的慰藉，一旦沉迷其中，便难以自拔。再次是青春发育期易形成叛逆心理的原因。老师、父母视网络为洪水猛兽，深恐孩子沾染了这一不良习气。越是约束、压抑，孩子越觉得新奇有趣。于是假借学校收费之名行欺骗家长与老师之实也就不足为怪了。

教育不能一蹴而就，教育需要耐心与机智。刚发现周鹏小秘密的那两天，我故意没有找他谈心，因为那样做会让他从心底里排斥我，极易形成与我的对立情绪。第三天，我认为时机已成熟，把他叫进了办公室。也许他自知行迹败露，怯怯地站在我对面，半晌抬不起头来。摆明了，他这是做好了迎接狂风暴雨的准备，单等我的训斥。

"今天我是叫你帮忙来了。"他抬起头，不太相信似的看了我一眼。我发觉他原本紧张的神经稍稍松弛了些许。"说明白一点，我是让你给老师当一回'老师'。你知道，我虽然也玩电脑，但顶多是个'三脚猫'，至今连QQ号都不知如何申请。闲来无事，老师也想上网聊聊天，结交新朋友，你该不会笑老师愚笨吧？说句实在话，我还挺不好意思向别的老师请教的，我这个人虚荣心挺重的，只好向自己的学生求助了。"他很惊诧，眉宇间露出些许得意的神情。他做梦都想不到，堂堂的班主任老师不仅没有批评他前些日子的放纵，反而要向他求助，于是热情地为我在网络上申请了一个QQ号。我极真诚地对他说："你是老师教过的为数不多的极聪明的学生之一，思维敏捷、接受能力强，只要不分心，用心学习，将来定会有个美好的前途。"拍马屁本不是我的强项，但为了教育好学生，我豁出去了。我一个马屁拍过去，他果然心花怒放，全不见刚进来时畏畏缩缩的模样。"我知道网络对你挺有吸引力的，这不见得一定是坏事。如今是知识经济时代，网络能帮助我们走出狭窄的小天地，更快捷地接受时代最进步的思潮。但网络又是一把双刃剑，一味沉迷其中不能自拔又会毁灭一个

人，尤其是缺乏自制力与鉴别力的孩子。因此，如何走进网络可是大有学问的。你认为呢？"

我的一番推心置腹的话语终于赢得了周鹏内心的认同。"我误解您了，老师。我保证听从您的教诲，不再偷偷摸摸去上网了。"两行悔悟的泪水尽情地滴落在办公室的水泥地上。我于是趁热打铁："有一件事老师不好意思向你开口，但在我们班，就数你是电脑方面的行家。喜欢上网的同学在我们班也有那么一群，我知道堵是堵不住的，只能疏。我想在班里成立计算机课外兴趣小组，让无所不能的互联网真正为我们班级服务。我想让你担任小组长，你应该不会让老师失望吧？"他很爽快地接受了我的任命。

往后的日子，周鹏果然不负重托，不时为班级的电脑迷们讲解有关的电脑知识，还主动为班级建立了网站，并不时充实新的内容，网站的开通更拉近了我与班级同学的距离，学生们有了疑难与困惑也乐于在班级网站上倾诉，我也能通过网站更快捷地了解学生们的思想动态。一段时间下来，班级的凝聚力更强了，这都得益于我那招赏识激励法。如今，不但周鹏本人不再沉迷其中，还带动班级其他的"网虫"们从畸形的"恋网"情结中走了出来。

案例分析：

赏识激励常能谱写最美的教育诗篇。赏识激励要求班主任老师要像在骨头上挑肉一样，戴着放大镜去寻找学生可供赏识之处，对学生的缺点、失误尽可能地给以宽容、谅解。赏识激励更要求班主任老师及时给学生创造一个改正缺点错误的机会，并进而指导学生进行自我反思。因为班主任的赏识激励并不能改变与扭转一切，只有当学生用实践把老师的赏识激励转化为自己真切的体验与感悟，才能清晰地发现自我、正视自我，有效地调控自我，才能使内驱力稳定发展。

在全面推进素质教育的今天，大多数教师积极投身新课改，解放思想，更新观念，转变角色，不断地提高自身综合素质，从"人本位"观点出发，树立了"以学生为本"的教学观，建立民主平等的教学观。但不能否认，还有部分教师的思想观念没有完全转变过来，在实际工作中，时有

出现批评指责多，赞扬鼓励少，甚至使用一些刺激性的语言，挫伤了学生的上进心和积极性，形成了一种恶性循环，师生关系紧张，教育效果往往是适得其反。心理学家研究结果表明，孩子不是怕苦，也不是怕物质生活条件差，而是最怕丢面子。其实，每个孩子心灵深处最强烈的需求和成人一样，就是渴望得到赞扬，得到认可，得到尊重。美国心理学家威廉·詹姆斯有句名言："人性最深刻的原则就是希望别人对自己加以赞赏"。因为，赞赏从本质上说就是一种激励，它是使学生舒展心灵，尽展潜能的教育。教育的核心是培养一种健康的人格。人格的核心是自信，自信表现为人的一种自我概念，其实每个人都是按照他认为自己是什么样的人在生活着。这种自我概念形成的关键时期，是在中小学阶段。这个时候，最可怕的是让孩子形成一个消极的自我概念，认为自己是坏孩子，是笨孩子，是不被喜欢的。但我们现在的教育，恰恰没有足够重视这点。教师的态度对学生学习效果的影响作用尤为明显。例如，有很多人回忆自己学生时期的学习状况时都说："我之所以成绩好，是因为任课老师对我好，我很愿意学。""我最讨厌学 XX 科目，因为我讨厌那个老师"等。很大程度上，学生"好学"是因为老师"乐教"。教师对学生的态度直接影响到学生的学习兴趣与效果。当一个学生为老师所认可，所激励，并对他抱有很高的期望值时，学生学习积极性就会空前高涨。因此，教师的事业心，责任心，爱心是决定教师素质的前提。做错事或者学习成绩不好的学生，往往心理压力较大，自卑、自责、不知所措。这时，他最需要的是教师关心、帮助、鼓励，而不是讥讽、挖苦、批评。若此时老师能采取宽容的态度，比如：在考砸的学生面前，要鼓励他不要泄气，肯定他平时在学习上的勤奋与努力，要让他感觉到老师对他的信任，帮助他分析原因，克服困难。再如对犯错的学生，老师应心平气和地与之沟通，让学生自己认识到自己的缺点和不足，鼓励他在今后的学习生活中加以克服，让他感觉到老师对他还是充满了希望。这不仅能让教育起到事半功倍的效果，还能让学生对老师充满信任，成为知心朋友，同时使学生能更加珍惜一切，奋发向上。通过鼓励与赞扬，可以使部分后进生消除自卑心理，主动拉近与教师的距离。不再对教师敬而远之了，学习的积极性将会有不同程度的提高。每个

学生的聪明才智和先天禀赋都基本相同，但他们最后的成就却会大相径庭。这表明教师要懂得教育，懂得欣赏，不能在教育进程中一刀切，要尊重学生的个性差异，对学生的任何一个特长都要肯定赞扬，帮助发展，而不能打消学生的积极性。个别学生在学习上有困难，但在劳动或其他方面比较积极主动，教师要抓住学生的优点，及时加以鼓励赞扬，千万不能蔑视他，也许你老师的一句赞扬的话，会改变他一生的命运。这决不是耸人听闻之言，这种例子不胜枚举。所以作为教师要学会欣赏，并正确引导，使学生的各种各样的才能、天赋得到充分的发展，也只有这样才能挖掘每个学生的潜能。鼓励赞扬要有一定的艺术，要恰到好处，不能滥用、过度。过度地夸奖和赞扬，可能会增加学生的依赖性。越是夸奖，学生就越依赖教师的选择来决定什么是对什么是错，而不能形成自己的判断。儿童教育专家玛莉琳·古特曼认为，那些小时候经常受到教师表扬的孩子，在他们步入生活后很可能会遇到更多的失望。切不不可把赞扬当成万金油，要正确客观地分析，要具体问题具体分析，根据事实及时客观地进行表扬、鼓励。而不能牵强附会，否则不但达不到教育的目的，反而会让学生感觉教师虚伪，失去对教师的信任。同样赞扬不能过度，这样会导致学生对自己认识不足，会产生自满自傲的心态，稍遇不顺就会一蹶不振。同时赞扬要因人的性格而操作，要适可而止。例如对胆小的学生要多肯定、鼓励，对调皮、好动的学生，要适当赞扬，同时要多提新要求，克服不良习惯。总之，在大力推行素质教育的今天，发展学生的个性特长，提高学生的主观能动性，是大势所趋，教师苦教、学生死学的时代一去不复返，多鼓励少批评，必将使你的教师生活迈进一片新天地。

第四节　帮助学生调整期望值

当学生学业成绩不理想时，做老师的应该做些什么？是批评、抱怨，还是冷静地帮学生分析，进而寻找适合学生的方法？现在的家长都望子成龙、望女成凤，他们倾注了太多的期待在孩子身上。当学生们背着书包走进校园求学的那一刻，他们也背负了家庭的梦想和家人的期望。在家长们极高的期待之下，孩子从小就被要求出类拔萃，考入名校。于是，各种各样的课外辅导班应运而生，表面上看，他们给孩子的无限发展提供了机会，但实质上，他们何尝没有加重了孩子们的负担。家长的期待越来越高，孩子的压力越来越大。在家长眼中，孩子还要努力、再努力，这样方能对得起父母；在孩子眼中，自己已经舍弃了很多休闲的时间，已经做出了很大的努力，他们无力完成家庭赋予的大大小小的期望。

在这样尴尬的处境面前，老师是应该袖手旁观，在学生们原本孱弱的肩膀上再不断附加新的包袱呢，还是应该帮助学生正确看待自己的定位，恰当处理他们与家人过高期待之间的矛盾呢？毫无疑问，一个合格的老师应该选择的是后者。

学习是一件量力而行的事情，只要自己尽力了，无愧于心即可。但很多学生在家长和老师的双重期待下，过高地估计了自己的实力。当最终无法达到预想目标的时候，学生们便伤心、沮丧、失落，乃至于对学习失去了信心。其实，在学习本身，他们是没有问题的。问题的症结，在于他们把期望值设定得太高了，在学习的过程中，他们不是从自身的能力、水平出发，设置一个恰到好处的目标，而是集了所有完美的、优秀的情形于一身，然后设置一个自己很难达到的目标。自然而然地，当现实和理想出现

差距的时候，他们的心理差距就出现了，心理差距带来的一系列消极情绪也随之而来了。

案例

残疾人成才

中国第一个残疾人大学生周婷婷就是这样走向成功的：周婷婷生下来听力几近于零，3 岁才开始说话。对于这样的孩子，一般的家长会选择放弃对孩子的学习要求，但周婷婷的爸爸坚信自己的女儿能成功。他为了培养女儿的"伟人智识"（别人能做到的，我也能做到；别人不能做到的，我也能做到）就让女儿背圆周率。那时，我们国家的科学家茅以升可背出圆周率小数点后的 100 位数字，而周婷婷在父亲的帮助下，竟然背到了小数点后的 2000 多位数字。周婷婷的爸爸把数字编成一个惊险、离奇、曲折的故事，开始一天背 10 位，后来一天背 100 位，只用 20 多天就背完了。这样，周婷婷的童年和少年是在鲜花中度过的，她被评为全国"十佳少年"，后来又以优异的成绩考入南京市一所重点中学。在高中，周婷婷的成绩一度下滑，几乎让她丧失了学习的信心。在这样的处境下，周婷婷的爸爸问她："当一个只有一双腿的人和一个双腿健全的人赛跑，她落后了别人会笑她吗？"周婷婷说不会。用婷婷的爸爸又问："当这个只有一条腿的人含着眼泪超过倒数第二名的时候，别人会怎样？"周婷婷说别人会为她欢呼。周婷婷的爸爸告诉她，"你就是在用一条腿和别人赛跑，你虽然成绩不好，但你并不是落在最后的人，别人都在为你欢呼，怎么会因你成绩不好而瞧不起你呢？"就这样，周婷婷在不断的鼓励中强化学习的信心，最后以优异的成绩考入辽宁师范大学，被人称为"阳光女孩"。周婷婷的成功，关键是她的兴趣和信心催化出来的。在孩子的学习方面，家长也要不断地培养孩子的学习兴趣，强化其自信心。

案例分析：

周婷婷爸爸教育孩子的方法和一般的父母不一样，他不是盯着孩子的缺点，也不是总唠叨孩子的不求上进，而是专门找孩子的优点，然后

去放大孩子的优点。对于女儿的缺点，他采取的是宽容的态度，但宽容不是放任不管，而是以朋友的身份进行提醒，让周婷婷自己进行改正。周婷婷的爸爸正视孩子的特点，合理地对孩子进行定位，然后循序渐进地对孩子加以引导与鼓励，最后终于做到了连正常孩子都很难做到的成绩。

这样的教育方法，不也值得老师们借鉴吗？每一个学生都有长项和弱势，学生与学生之间的差别是巨大的，教师不能将所有同学等而视之，不能将一种教育方法机械地复制到众多学生头上。由于这种客观差异性的存在，老师们不仅要调整自己对每一位同学的期望值，更要引导学生找到适合自身的恰当的期望值。

做好学生的定位，对于学生而言，他们减轻了很多压力，可以相对轻松地学习，游刃有余地进步；相对于老师而言，你们尊重了无数学生的"慧命"，真正履行了教师的职责。以下建议仅供教师们参考：

1. 教育学生正确看待自己的学习成绩。

让学生把对考试分数的注意力转移到分析自己的问题上，胜不骄，败不馁，扎扎实实地把知识学到手。在中国应试教育的大背景下，大大小小的考试不计其数，不要因为一次考试的失误就全面否定一个学生，打击其自信与自尊，也不要因为一次考试的成功而过度赞扬一个学生，助长其骄傲和自大。一次考得好不代表次次能"决胜千里之外"，一次考得不好不代表他永远是抬不起头的失败者。考试只是对之前功课的考察，是一种督促学生上进的形式，正确看待考试成绩，宠辱不惊，淡定从容，才能鼓励学生步步为营地更上一层楼。

2. 老师正确评价、对待学生的学习成绩。

全面看待学生的学习成绩，重在考试后的总结分析。每次考试之后，不要在学生面前过于强调成绩与排名，而是让学生查找自己本次考试的成功之处与失误之处，让他们盘点自己通过本次考试，又学到了些什么东西。成绩不是第一位的，保持学习的心态，从每一次考试中汲取经验才是最重要的。

3. 相信每一个学生都是与众不同的。

每一个学生都是与众不同的，有自己独特的天赋特性、偏好和天生优势，也有不同于别人的弱点。解决学生的学业成绩问题，应该用个性化的手段去寻找适合学生的学习模式和学习策略，明确所存在的问题，用个性化的方法去适应学习上的要求。在这点上，切忌千篇一律。选择错误的方法对学生是一种误导，这种误导可能会埋没学生原有的优势，打击学生原有的信息，摧毁学生美好的梦想。

4. 努力培养学生良好的学习习惯。

习惯是最好的保证，养成良好的学习习惯和爱读书的习惯会让人受益一生。如先预习后上课的习惯，认真听讲的习惯，独立、按时完成作业的习惯，不懂就问的习惯等。在学生形成了一定的好习惯时，老师应该为其感到高兴，并能不厌其烦地为学生"传道授业解惑"。

5. 发现学生的优点，放大学生的优点。

人非圣贤，孰能无过？学生有这样那样的缺点是正常的，作为老师，要包容学生的问题，正确对待学生的不足。除此之外，老师更应该放大学生的优点，让他们在对自己优点的认可与自豪之中建立起一种自信，并在这种自信的驱使下不断克服困难，取得新的进步。孩子都需要鼓励，一个整天生活在谩骂、否定和排斥中的学生，会对自己失去信心，把自己定位为一个无能的"差生"。更严重的是，这些学生一旦产生了"破罐破摔"的念头，他们就会一步步走向不可挽回的歧路、深渊。

6. 切不可打骂、责罚学生。

每个人都是有尊严的，学生也不例外。学生没有考好，老师就恶语批评，甚至变相体罚，这不仅有悖一个教师的师德，也在无形中摧毁一个个需要安慰的心灵。学生的成绩差，这个事实无疑与老师的心理期待值之间产生了差距，这个时候，老师就要平心静气地进行反思，是学生真的不用功，还是老师自己将期望值设置得太高了。总之，在出现不理想的成绩时，老师应和学生一起承担责任，切不可用不理智的行为把所有的责任都附加到学生头上。

案例

剑桥娇子

张弛，是剑桥大学有史以来最年轻的中国博士生，年仅22岁。他的成长经历是普通人可望且可及的。他的父亲张明山谈到对儿子的家庭教育时，一连说了几个"要"和"不要"："在学习之前，一定要培养孩子的自信心和求知欲，一定要培养孩子良好的学习习惯和克服困难的能力，不要把孩子推给学校就不管了。要配合培养，不要让孩子一味依赖父母的指导，不要打击孩子的信心。"他在实践中注重了以下几点：①孩子良好习惯的培养；②孩子学习情感的培养；③教育孩子学会做人及爱心的培养；④独立意识的培养；⑤与孩子平等沟通，"面对面"地交流；⑥对孩子实行积极暗示；⑦适时适度夸奖和欣赏孩子；⑧培养自信，培养孩子劳动意识、吃苦精神、刻苦学习的精神；⑨培养和提高综合素质；⑩家校实施教育一致。

案例分析：

说张弛的成长经历"可望且可及"，这并不是没有道理的，如果每一个教育工作者，都能像张弛的父亲那样，针对学生的特点，调整期望值，让学生在做好自己力所能及的事情的基础上，发挥自己的优势和创造力，有朝一日进入剑桥这样的名牌大学，也不是没有可能的。

张明山对孩子的培养方法都是普通平常的，他对孩子的要求也是始于点滴的。有些老师和家长，为学生描绘了一张难以实现的美好蓝图，动辄就以"出类拔萃"、"遥遥领先"等大而空的说教对学生进行训诫。他们从一开始就把对学生的期望值调得很高，在实施过程中，但凡遇到了一些没有如其所愿的情况，他们就会问责于学生。退一步讲，如果进行角色转换，老师或家长做学生，学生做家长，那些要求甚高的老师和家长们，你们敢保证自己一定能完成那么多高而大的期待吗？假使你们的回答是否定的，那么你们的学生或孩子又怎能保证次次"不辱使命"呢？

没有教不好的学生，只有不会教的老师，参考张弛父亲的经验，老师们何不把对学生的期望值降低一下呢？从点滴做起，从尊重每一个学生的

每一个特点做起，给学生一个恰当的定位，让学生认识到自己合适的位置。中国有句古话叫做"临渊羡鱼，不如退而结网"，只有符合自己的，才是最好的。以下几个建议供教师朋友参考：

1. 给学生玩的时间，不要把学生搞得太累。

有的教师出发点是好的，想让学生学习成绩更好些，让他们多掌握几项特长，于是占用学生的课余时间、周末时间，马不停蹄地给学生进行"恶补"。为此，很多老师都得到了"母夜叉"的绰号，即"暮夜插"，早晚都没完没了地插课。李大钊先生说过："学就学得踏踏实实，玩就玩得痛痛快快"，劳逸结合才符合人休养生息的自然规律。一些老师为了提高升学率，为了自己的班级能够在全校排名中位居前茅，就想尽一切办法给学生"开小灶"。他们把极高的期待无条件地附加到了学生头上，学生们也就必须无条件地服从。不管老师们的期待是不是也是学生的期待，不管老师的目标是不是学生乐于接受的，学生能做的，只有被动听从老师。

2. 不要强迫学生请家教，参加课外辅导班等。

随着教育问题上竞争压力的加大，各种各样的课外辅导班方兴未艾，而辅导班的费用，也在不知不觉中上涨到了让人瞠目结舌的程度。有时候，参加一个课外辅导班连一个月的时间都没有，但其昂贵的费用已经远远超过学生们的半年的学费了。学生参加辅导班的动机，有的是为了弥补课堂上的不足，有的是为了查漏补缺，有的是拓展兴趣，有的是培养强项，有的仅仅是为了和别的同学攀比，等等。一句话，学生之参加课外辅导班，无非是因为依靠正常的上学受教育已经不能完成家长和老师的期待了。在学生踏进课外辅导班那一刻，家长和老师们的期望值非但没有降低，或与原来保持一致，反而愈发抬高了。

家长送孩子到学费昂贵的补习班，说："都是为了孩子好"。老师们课外办这样那样的补习班，说："都是为了给学生提供更多机会"。扪心而问，你们到底真的是为了孩子/学生好，还是想要借助孩子/学生来完成你们的自己的某一心愿？

3. 增加学生的成功体验。

过多的失败体验，往往使孩子对自己的能力产生怀疑，教师应该设法

创设各种有利条件，使自己的学生在学习过程中能更多地体验成功。通过创立顺境，增加学生对未来的美好预期，更重要的是帮助学生在内心建立美好的自我形象，形成和发展他们的自信心。

4. 帮助孩子建立合理的自我定位。

教师要针对自己孩子的实际情况，帮助他们建立适合自身发展水平的合理的成功预期，教育他们不能好高骛远，眼高手低，这样可以避免学生因期望过高难以实现而遭受心理挫折。另外，大多数学生往往耐心不足，急于求成。因此，教师还要帮助他们正确对待进步进程中可能出现的"反复"现象，做好应付失败的心理准备，使学生不能只期望成功，更不能有过高过快的成功预期。

5. 坚持正面教育原则，多表扬、鼓励，少批评、贬抑。

要使自己的学生获得坚强的自信心和保持积极进取的精神状态，教师就需要多表扬、鼓励，多肯定他们所取得的成绩。尤其要善于发现"差生"的"闪光点"，充分肯定他们取得的点滴进步，以点燃心中的奋斗之火，使这些"差生"感到"我还行""我还有希望"。当然，有时对孩子作适当的批评也是可以和必要的，但千万不要用贬抑、否定的话语。

第五节　建立正确的考试观

害怕考试的学生会对考试有一种恐慌感，由于害怕、恐慌往往影响正常发挥，进而造成考试失败，形成考试挫折，产生学习焦虑，从而影响孩子的身心健康成长。近年来，考试作弊呈高发事态。在社会转型期，考试作弊表面上看来是为了分数，其实分数背后是利益。在竞争激烈的社会，考试就是一场竞技，带有很强的功利性、目的性，谁能在竞技中获胜，就有可能获得更多的利益。及格与不及格、通过与不通过往往就意味着成功与失败、奖励与惩罚、荣誉与耻辱，这已是不争的事实。所以，如何处理孩子考试作弊问题就成了家长们的心头事。

有的学生因为一两次考试失败而对自己失去了信心，有的学生则因为一两次考试成功而建立起自信，考试成绩起起伏伏是正常的，如何帮助学生树立正确的考试观则变得尤为重要。一种正确的考试观，可以帮助他们尊重每一次考试，正视每一次成绩，从每一次成功中汲取经验，从失败中总结教训。但是，由于学生的年龄、经历等因素的制约，他们没有能力依靠自己的能力完成这一任务，这时候，老师的作用就凸显出来了。

案例

等级评价

"王刚，我问你：猪八戒他娘是怎么死的？"课余，又有学生在嘲弄班里的"红椅子专业户"王刚了。这王刚，说他笨，可他绘画、唱歌、打球样样在行，说他不笨，可每次大考小考，班级最后一名非他莫属。也难怪他会经常成为班级里其他同学奚落的对象了。

"我怎么这么命苦？生了你这么一个蠢货。考试才得30分，看我不打死你才怪。"接着是噼里啪啦的抽打声，继之而起的是一阵高似一阵的"呜呜……"的哭声、父亲的救驾声、孩子的逃跑声、妈妈的追打声……街坊邻居不用猜都知道是王刚他妈在"教育"孩子了。"嗨，可苦了他妈了，这孩子……""听说又是班级最后一名呢。""活该！"邻居们也为王刚他妈不停地叹息。

无独有偶，我发现最近我班的学生李梅似乎有什么心事，学习起来无精打采的，一上考场就冷汗直冒，学业成绩每况愈下。通过与她交谈，我了解到原来她犯了"学习恐惧症"、"晕考症"。上学期的期末考试，她由于粗心，将数学考试的一道大题看错了，结果期末考试从原来的班级第二名下降到班级第五名。父亲一怒之下，将她关进了黑漆漆的地下室里，面壁思过两小时，自此，她就落下了这个毛病……这些经受层层重压教育的孩子，就像生长在石块下的小树苗，恶劣的环境让他们成了"畸形人"，家长们不了解这一点，作为班主任，我怎忍心熟视无睹？像这样的学生，在我这个仅仅50人的班级就有10人之多，比例之高，真是触目惊心。"救救孩子！"我心底里发出了这样的呐喊。经多次请示，校领导终于同意我在班级试点实施对学生的等级评价法。

我将学生们的学习成绩分为四个等级进行评价：优秀、良好、及格、不及格，以模糊学习分数。对学习成绩我一改常规的百分制考核办法，实施"分项考核"。像数学考试，我把它细分成口算、基础知识、计算、应用题、操作等项。语文考试，我则将它细分成拼音、字词句、阅读、作文、朗读、听记、说话等项。即使这种"模糊"的学业成绩，我在班级也不张榜公布，只让学生本人知晓。但对试卷上的错误，学生必须及时更正，对那些问题较多的学生，我常常会单独指导，直到他弄懂、学会为止。如果他们对自己的成绩不满意，可以申请重考，重考不满意，允许再次申请重考。这样就卸下了压在学生心头的"名次排队"的重负。而分项考核，常会使学生收获成功的喜悦，即便是一窍不通的学生，我也常常故意在某些考核项目上让他们重拾学习的热情与自信，让他们也能体会一把"成功者"的快乐与潇洒。考试不再是学生们头上那令人厌烦的"紧箍咒"，不知不觉中，它竟变得让学生

们充满了喜悦与期待。

四年二班期中语文说话考核开始了，我要求学生们谈谈自己学习的切身感受，许多学习成绩优秀的学生一到这种场合就六神无主，半天张不开嘴。轮到王刚上场了，教室中有人发出了不屑的讥笑声，摆明了认为"红椅子专业户"上场不会有什么好戏上演的。

"我在学习方面最深刻的感受是'解放了'。以前，我学习不认真，落下了一大段功课。而今，班级实施等级评价法，我相信，在老师和同学们的帮助下，我一定能克服自己的不足，不断取得进步。我希望大家相信我……"吐字清晰，语句流畅，情感真挚。想不到一个班级的"红椅子"，说话却这样得体。良久，台下爆发出雷鸣般的掌声，分项考核让学生们学会了不再从门缝里看人。

"王刚同学的说话，我们该给他评个什么等级呢？"我征求同学们的意见。"我看给他评个'良'吧。""老眼光"韩雪不太服气地提议道。"不行，得给他评个'优'。"其他同学几乎异口同声。"群众的眼睛是雪亮的，同学们的评审是很公平的。大家能抛开偏见，充分肯定王刚同学在说话方面的优秀表现，这非常难得。对同学们的这一决定，我完全赞成。"我的表态赢得了班级绝大多数学生的支持。

"苏老师吗？真是太谢谢您了。听说我家王刚说话得了个'优'，是真的吗？"电话那头，王刚他妈激动得语无伦次。也难怪，自王刚读书以来，这可能是他第一次向家长"报喜"。"是真的。孩子没有说谎。"我语气平静地说。"太好了，孩子，你真棒！今晚老妈就给你做你最喜欢吃的爆炒腰花。"电话那头，一家人乐开了花。

像这样的喜讯不时地传进我耳朵里，我为自己在救改上迈出的可喜的第一步而暗自高兴。"紧箍咒"松了，卸下了心头重负的班级学生们，学习迈上了快车道。生动鲜活的考评制度让学生们耳目一新，家长们高声叫好。有同学治愈了困扰多年的"学习恐惧症"、"晕考症"，轻装上阵，学习成绩也"芝麻开花节节高"，有同学后来居上，一跃迈入班级优生行列；有同学自此爱上了学习，彻底改观了在班级老师与同学们心目中的形象，不时给老师、同学、家长以惊喜，譬如王刚——他现在已成为校园小有名气的主持人了，

期中考试有七门单项评定为"优"。

"紧箍咒"该松了，对这些花样年华的孩子，我们的教育不应是扼杀其个性，而应是唤起、激励、呵护他们的学习热情。教师对学生的评价应从单一走向多元，从死板走向灵活，评价反馈也应从"武断"走向"人文"。让我们的素质教育之花在等级评价中越开越艳丽。

案例分析：

等级评价是传统分数评价的苦果上结出的甜瓜。它淡化了考试中分数的具体性，代之以让学生们更乐于接受的等级评定。它取缔了一考定优劣的百分制考试，代之以更科学公正的分项考核法。它不采取一棒子打死的考核制，它允许学生重考。一句话，它给了学生们以更宽松的学习与考核环境，更有利于学生的成长。

等级评价要关注学生除学习成绩以外的闪光点，要让学生们成为评价的主体，进行自我评价与相互评价。这样，既发展了学生的自我认知智能，又培养了学生初步的民主意识。老师还要从个体发展的角度去评价学生，淡化他们与班级其他同学的比较意识，学习成绩不排名，即使排名也不要让学生知道。等级评价更着重学生在原有基础上纵向前进了多少以及发展到了什么样的水平，以便对不同的学生有不同的发展建议及要求。它让每一个学生都能时时感受到来自老师真心的关怀，从而有了前进的动力。

模糊的评价结果是新课程改革的重要内容。对学生的评价，不是为了对学生下一个精确的结论，也不是为了给学生一个等级分数以便与其他同学比较，它更注重对学生的关注与关怀，它尽可能多地用学生的"闪光点"来帮助他们认识自我，重塑自信，健康快乐地成长。

案例中的老师针对"差生"的心理特点，避开令学生害怕的传统的以分数计算成绩，而是采用等级测评。不仅如此，老师还把评分的主导权下放给班上的其他学生。如此一来，对于"差生"，他们得到了尊重，他们沉重的心理负担也可以放下了；对于其他学生，积极参与同班同学的成绩评定使得他们有了一种参与感和被信任感，这对于形成良好的班级氛围是极其有利的。

对于如何建立正确的考试观，以下几点建议仅供教师朋友们参考：

1. 问问学生是为考试而学习，还是为学习而考试

在我国基础教育界，向来有"考考考，教师的法宝；分分分，学生的命根"之说。其实，在这里，考试不仅是教师的法宝，也成为学校管理的法宝，提高升学率的法宝。但是，这种频繁的考试，对于学生的健康发展来说，带来的危害和弊端也是显而易见的。正如一位高中校长在今年基础教育年度工作会议的发言中所指出的："对学生来说，周考、月考、期中考试、期末考试、模拟考试，一次次的考试，班名次、年级名次、市名次，一次次的排名以及高考百日冲刺誓师大会，高考倒计时等，都使学生每天在极度紧张和恐慌中度过，心灵受到严重伤害。"

在这种频繁的考试中，学生的学习是一种什么样的状态？现在学校并行开设的文化课科目至少有五门以上，如果按照上面讲的考试频率来计算，学生每个正常的学习日，平均要有 1~2 次考试。学生日常学习中，面临如此频繁的考试，他的学习生活岂不真的陷入了以考试为中心的泥潭！由此，学生不再是为学习而考试，而是为考试而学习。这样，学生的日常学习，几乎一切围绕考试转，学习的性质必然遭到扭曲。

正因为如此，素质教育不反对考试，但反对过多过滥的考试。一句话，从坚持科学的教育发展观，从推进素质教育的角度看，当前学校考试面临的最大问题就是过多过滥。说到底，过多过滥的考试是为应试教育服务的，而不是真正地为学生发展服务的。我们呼唤学生为学习而考试，反对学生为考试而学习。

素质教育不是不要考试，而是反对过多过滥的考试。反对让考试成为学生的学习负担，成为危害学生身心健康发展的"魔鬼"。其目的，就是要恢复正常的考试秩序，让考试为学习服务，而不是让学生天天围绕着考试转，陷入为考试而学习的不正常状态。

2. 问问老师考试以学生为本，还是以成绩为本

人们之所以说，考试是教师的法宝，也是学校片面追求升学率的法宝，是因为今天的考试，已成为教师和学校管理学生，控制学生的法宝，也成为学校督促学生学习，提高学生考试成绩，进而提高学校升学率的

法宝。

有不少老师、学生举报老师、学校每次考试之后都给学生排名、排队。似乎考试的主要目的就是为了给学生排名、排队。因此，每次考试之后，阅卷、打分，给学生排名次成为老师、学校的主要工作。而且，每次所谓重要的考试之后，班主任、任课教师都要召开家长会，向学生家长通报学生的考试成绩与排名表。学校则要依据教师任教班级的考试成绩，给老师排名次。

在这种情况下，考试到底为了什么？考试是为了学生的学习与发展，还是为了给学生和老师排名？我们不能不说，在一些地方，在一些学校，考试的功能已发生了异化，不再是为了学生的发展，而是为了排名，为了管理，为了所谓的激励。我们不能不说，这种考试不再是以学生为本，而是以成绩为本。由此，学生的学习与发展必然退居次要地位。

正因为如此，素质教育反对每次考试之后给学生公开进行排名。其目的，既是维护学生的尊严，也是保护学生的个人隐私。我们曾经调查过不少高中生，包括学生好些的，也包括学习差些的，这些学生无一例外地反对将自己每次考试成绩公布于众。有不少老师反对用学生的考试成绩评价教师的教学成绩，反对用学生的考试成绩给老师的教学成绩排名，将心比心，用孔子的话说，"己所不欲，勿施于人"，我们有什么理由将学生的考试成绩每次都公布于众呢？素质教育不主张给学生公开排名，其目的，就是为了最大限度地减轻学生的考试焦虑和心理压力，维护学生的心理健康，尊重学生的人格尊严。

3. 明确考试的根本目的是为了改进

考试有不同的功能。一般来讲，按照考试的不同功能，可以把考试分为三种：一是诊断性考试。二是水平性考试，如初中、高中学业水平考试，这些考试是为鉴别学生是否达到了国家规定的课程标准的要求。一般这类考试不直接评分，而是根据学生的考试成绩进行分等。三是选拔性考试。这种考试是区分性的，如中考、高考等。这种考试当然要排名次，要分出高下。

在学生的日常学习中，学生面对的考试，除了水平性考试和选拔性考

试之后，都是诊断性考试，如单元检测、模块考试、期中考试等。这类考试的目的，不是为检测是否达标，更不是为了选拔，而是为了判断老师的教与学生的学是否达到了教学的基本要求，还存在什么问题，以及如何进行改进。因此，我们可以说，考试的主要目的是为了改进教师的教与学生的学。在这种情况下，这样的考试，我们认为不必给学生打分，老师在对试卷的批阅中，只把学生学习好的地方和学习存在问题的地方指出来，让学生知道自己的进步和不足、优点和缺点，从而明确自己应该发扬什么，改进什么。

在应试教育的考试观驱使下，每次考试之后，老师都会给学生打分，结果我们的家长们每次见到自己的孩子，总会问：又考试了吗？考了多少分？在班里排第几名？结果，学生每次考试之后，自己孩子存在的问题是什么？哪些地方出错了，应该如何改进？家长却不予问津，自己的孩子这次考试错了，下次遇到这样的问题照样出错。

正因为如此，在日常考试中，我们不主张给学生打分，这就是所谓的无分数评价。显然，无分数评价不是评价，而是给学生一种有助于自我矫正的更具有教育意义的针对性评价。这种评价更有利于学生的成长与进步。素质教育不反对单元考试、不反对期中考试、不反对期末考试，但这里的考试，不要着眼于排名排队，而是要着眼于改进教师的教与学生的学。

4. 设置不同的考试形式

考试不仅有传统的纸笔考试，也有作品创作、实验设计、发明与创造等考试方式；既有终结性考试评价，也有过程性考试评价。正因为如此，温家宝总理曾经指出，素质教育不是不要考试，而是要注意考试的多样性、过程性、综合性、全面性，等等。

素质教育关注的，不仅是学生的知识与技能的掌握，更关注学生品德、思维、情感、人格的培养。温总理在2008年8月国家科教领导小组关于制定《国家中长期教育改革和发展规划纲要》的会议上指出："我最近常思考，从自己的经历感受到，有些东西单从老师那里是学不来的，就是人的思维、人的理想、人的创造精神、人的道德准则。这些，学校给予的

是启蒙教育，但更重要的要靠自己学习。学和思的结合，行和知的结合，对于学生来讲非常重要，人的理想和思维，老师是不能手把手教出来的，而恰恰理想和思维决定人的一生。这不是分数能代表的。"素质教育不反对考试，但反对单一的纸笔考试，主张进行多样性、综合性、过程性、全面性相结合的考试。

第六节　挖掘孩子的潜力

　　挖掘学生的潜力，并鼓励他，发现学生的优点，并表表扬他，这些都是孩子的正常心理需要，是他们不断取得进步的心理基础。其实，在现代现代社会里教师和学生的关系应该是平等的，对每个学生而言，不论他的学习成绩是好是差，品德上是否有缺陷，但他的人格应同样受到尊重，教师的任何训斥、讽刺、体罚和变相体罚，都会对学生的心理造成伤害，都会泯灭学生的自信心和创造力。因此，教师要真心地关爱学生，尊重学生，他们才能快乐地学习，才能不断激发出内在的学习潜能。当后进生上课发言，板演出现差错时，老师给予他们的不是大声指责，而是亲切适度的鼓励："你能举手发言，这是积极动脑的表现，很好。""别急，再想一想，你肯定能做对的。"

　　我们有很多老师，不注意挖掘每一个学生的优点，相反，他们有时候还用批评与挖苦来打击孩子们的积极性，使得那些本来有潜力的学生意志消沉，埋没了自己的潜能，使得那些本来有很多优点的学生自暴自弃，丢掉了曾经的优势。学生的情绪与老师的表现是紧密联系着的，老师的排斥与漠然往往会扼杀了一个孩子的"慧命"。但是，教师的点滴鼓励，哪怕是只言片语，往往能打开一扇心灵之门，让灿烂的阳光射向失落的心。接受了阳光洗礼的学生，又怎能不激情满怀投到学习中去呢？所以，假如每一个老师都能慷慨地播撒理解与关爱的种子，尊重学生的潜能，善待学生的优点，那么，学生"厌学"的现象就会日渐减少，学生的成绩相应也会日渐提高。

案例

打篮球拉近距离

这是一个老师讲的一个真实故事：我们班有一名同学建，他上课迟到，自习说话是常有的事，在日记里也经常写一些网上聊天的事。经了解，建的父母离异后又各自成了家，这使他产生了逆反心理，时间长了，就养成了一些坏毛病。得知这些情况后，我开始仔细观察建，他的那些毛病，如果不是我亲眼见到的，我都装不知道，也不再向家长反映。相反，我一旦发现他的优点，哪怕是一点点，也及时在班上对其进行表扬。过了一段时间，建也觉得奇怪，但他依然没有太大的改观。后来，我发现他体育好，喜欢打篮球。于是，我就利用体育课和放学后的时间约他一起打篮球。每次他都非常兴奋。在篮球场上，我们之间的距离一下子拉近了。通过打篮球，我发现他不但球打得不错，而且还有一定的组织能力，就鼓励他做体委工作，帮他出主意，解决困难，在接下来的全校课间操比赛中，在他和全班同学的努力下，我班表现出色，我又及时表扬了他，并给他发了喜报。他的缺点越来越少了，最后，他竟然以优异的成绩考入了一所省级重点高中。

案例分析：

曾经有人说过"如果你能在你的学生身上找出十个以上的优点，你是一个优秀的老师。如果你能在学生身上找出五个以上的优点，你算是一个合格的老师。如果你在学生身上只能找出二至三个优点，你只能勉强算是一个合格的老师。如果你在学生身上找不出优点，那么你一定是一个不合格的老师。"此话不无道理。作为教师，应学着不再紧盯住学生的诸多缺点不放，而是用赏识的眼光去多发现孩子身上的优点。

当你把赏识之灯点亮的时候，孩子回馈你的一定是感动和努力。赏识是成功路上的阳光，学会赏识学生，主动赏识学生，不仅是学生的成功，也是老师的成功。

尊重每一个"花朵"

现在的孩子是越来越聪明了。他们说出的话，做出的事常常是你意想不到的。21世纪的小学生，正如飞速发展的祖国一样，他们在迅猛发展着。他们身上有无尽的潜能，正等着我们去发现、去挖掘。作为教师我们要对学生的能力有高水平的估计，千万不要低估了你身边的看似幼稚的孩子们。

1. 高水平的语言表达能力

在贺老师心目中，三年级的学生能说一些完整的话，能简单表达自己的意思，就已经很不错了。毕竟学生还小，不能灵活、恰当地运用语言。但是，他们在语文课上的表现却令贺老师大吃一惊。为什么呢？学生们不仅能用完整通顺的语言表达好自己的意思，而且还能用准确生动的语言把自己的意思表达得更加形象、生动。就拿语文课上的理解词语来说吧，《会说话的草里》有这样一个词语"喧嚷"，学生是这样理解的：

学生1：喧嚷就是好多人在一起大声说话；

学生2：打个比方说喧嚷就像是好多人去赶集时的热闹场面；

学生3：下课时，同学们到教室外面都在喧嚷。

在续编故事上，学生运用语言的能力更是得到了充分的展现。学完《泥姑娘》这个故事后，泥姑娘在雨夜中为了救一只小蜜蜂而牺牲自己的故事深深地印在学生头脑中。课文的结尾是"小蜜蜂展开翅膀，四处寻找昨夜救起它的那个小姑娘……"贺老师让学生续写接下来可能发生的故事。叙说开始了，贺老师真没想到学生会用那么优秀的语言把故事叙说得那样完美。

其中，一个学生是这样叙说的："小蜜蜂找呀找，终于它发现了自己身旁的一堆稀泥，它赶紧一点一点的用嘴衔起这些泥土，送到老艺人那里。告诉老艺人泥姑娘是为了救它才牺牲的，请求老艺人再捏一个泥姑娘。老艺人听了小蜜蜂的话，非常感动，就又用心地捏了一个泥姑娘。这一次老艺人捏的泥姑娘更漂亮、更美丽了。刚一捏好，泥姑娘就微笑着跳起了舞，小蜜蜂赶紧领着泥姑娘的手与她一起共舞。从此小蜜蜂和泥姑娘

成了最要好的朋友，它们互相帮助生活得非常幸福。"

多美的语言呀！"一点一点"、"牺牲"、"衔起"、"微笑""共舞""互相帮助"……这些词语用的是多么恰当、多么准确呀！这时贺老师不禁佩服起学生那高水平的语言表达能力了。是呀，贺老师们不能低估了学生的能力，要让学生把才能尽情地施展出来。

2. 大胆奇异的想象

优美的语言给学生提供了无尽想象的空间。在课堂上学生总能插上想象的翅膀，在幻想的世界中自由自在地翱翔。他们的想象是老师们所想不到的，是新奇的，充满浪漫色彩的。

在学习《诗的材料》一课时，当读到"白荷花在这些大圆盘中间冒出来，有的才展开两三片花瓣；有的花瓣全都展开了，露出嫩黄色的小莲蓬；有的还是花骨朵，看起来饱胀得马上要破裂似的"。

师："看到这么美丽的荷花，请你展开想象的翅膀想象一下荷花池中还会有什么姿态的荷花呢?"学生一下子就沉浸在想象的海洋中了。

学生1："有的荷花穿着雪白的衣裳，好像在跳舞。"

学生2："有的荷花低着头，好像一个害羞的小姑娘。"

学生3："有的荷花斜靠在碧绿的大荷叶上，好像在睡觉呢!"

学生4："有的荷花挺直了身子，真像一个亭亭玉立的小姑娘。"

啊！学生的想象是那么的丰富，学生的想象是那么的美妙，学生的想象充满了诗情，充满了画意。贺老师聆听着学生的想象，眼前浮现出了一幅幅美丽的画面。这种享受是学生带给贺老师的，这种享受是无法比拟的。从学生身上贺老师获得了知识，获得了启迪。是呀！不只是我们在教学生，学生也在感染着我们呀!

3. 精彩绝伦的表演

班上的每一个孩子，其实都具有表演天赋，喜欢表现自己。

有一个班级，在学完古诗《回乡偶书》后，袁老师要求学生想象古诗描写的画面，演一演课本剧。这下子，学生来了兴致，热情很高。表演开始了："贺知章"弯腰驼背的上了场，慢悠悠地在路上走着。这时一个活泼可爱的小孩出现了，看到"贺知章"一副惊讶的表情。

小孩儿："您是从哪里来的？"

贺知章："我就是这个地方的人。"

小孩："那我怎么不认识您呀！"

"我走的时候，你还没有出生呢！"贺知章微笑着说。

"那我应该叫您'老爷爷'了，请您到我家做客吧！"小孩子热情地拉住"贺知章"的手。

"谢谢你，小朋友，你真是一个好孩子。"贺知章很高兴的样子。

学生的表扬绘声绘色，精彩极了。从这以后，袁老师很注意对学生表演能力的培养。在班里举行了诗歌朗诵比赛、讲故事比赛。这些活动使学生尽情地表现着自己，把自己的特长充分发挥了出来。

4. 灵活敏捷的思维

于老师班的那群孩子，思维很敏捷，能灵活运用所学知识。记得学习《湖滩上，一对天鹅》这首小诗时，有这样一句话"孩子格格的笑了，天鹅跟着唱起欢乐的歌……"于老师顺势引导："假如你就是一只天鹅，生活在优美的环境中，感受着人们的爱，在你优美的歌声中会唱些什么呢？"学生们在小组内议论开了。一会儿就有学生站起来大声唱到："人们人们我爱你就像老鼠爱大米，一天一天陪着你，不管有多少风雨，我都会陪着你，因为——我爱你！"多好听的歌呀！他们能把生活中听到的应用到课本中来，表达的情感是那么到位。于老师开始佩服起学生那灵活的思维了。

是呀，每个学生都是有潜能的，作为教师，我们要充分挖掘学生的潜能，不要低估了学生的能力。让学生茁壮地成长，健康地成长，快乐地成长，这是我们的责任。

案例分析：

很多人知道自信心对孩子学习有利，那么自信心在学生身上是怎样发挥作用的呢？

1. 自信心能使学生制定切合实际的学习目标。

自信心能驱使学生根据自己的能力水平，定出经过一定的努力即可以

实现的目标，而且目标较具体，包括近景目标和远景目标。

2. 自信心能使学生对自己的能力有比较准确的估计。

自信心使学生从不盲目地相信自己的力量，而是把自信建立在对自己能力水平的正确估计上。

3. 自信心能使学生尝试完成有一定难度的工作。

自信心能使学生喜欢探索新的东西，对一定难度的工作尤其喜欢，而不愿轻易地去做那些不需要付出多大精力即可完成的活动。

4. 自信心使学生有更高的抱负水平。

自信心使学生决不满足于已有的成绩，而是会去追求更大的成功。自信心使学生有用不完的精力，总是显示出朝气蓬勃、乐观向上、精力充沛的姿态。

5. 自信心能使学生保持谦虚的品质。

自信心与谦虚是相辅相成的。一个具有自信心的学生，一定会虚心好学，决不会在成绩面前忘乎所以，傲视他人；同样，一个具有谦虚品质的学生必然会信心十足。

自信心是逐步形成起来的，在其发展过程中，主要受制于三个因素：活动的结果，他人对自己的态度，自我评价。

1. 活动结果的影响。

活动的结果可以归结成成功与失败两个方面。一般而言，成功的结果能增强自信心，而失败的结果则会削弱人的自信心。心理学研究表明。一个人的自信心与他的成功率成正比：成功越多期望越高，自信心越强；反之，失败越多，期望越低，自信心越弱。一些资料表明，重点中学的学生因为受教育的条件好，成功的机会多，因而他们几乎都充满着自信心；而许多非重点中学的学生，由于受教育的条件差，失败的机会多，因而他们的自信心大大低于重点中学学生的自信心。因此我们要尽可能为学生创造取得成功的条件和机会，以培养学生的自信心。

2. 他人态度的影响。

一个人的自信心水平往往与他人对自己的态度有关。

这包括他人对自己的期望水平与信任程度。一般说来，凡是他人对自

己的期望大，信任程度高，则会加强其自信心；反之，凡是他人对自己的期望与信任程度低，则会削弱其自信心。研究表明，男、女中学生的智力水平没有显著差异，但在自信心方面，女学生却不如男学生。其中一个重要原因就在于家长、教师对男女孩子的期望值和信任程度不一样。许多家长、教师有这样的偏见：男孩子聪明些，读书容易成才；女孩子听话些，读书不大能成才。久而久之，男孩子就增强了自信心，认为自己应加倍努力，而且只要努力，就一定能学好，能成才；女孩子则削弱了自信心，心想或许自己不如男孩子，于是便放松了对自己的要求。

3. 自我评价的影响。

一个人的自信心水平往往也依存于自我评价。对自己的品德与能力评价适当，就会增强自信心。否则自我评价不适当，就会产生两种偏向：对自己作过高的估价；对自己作过低的估价。这两种偏向都会削弱一个人的自信心。

自信心是自我的重要组织部分，并影响着整个个性的健全发展。从上分析可知，自信心按一定的方式在个人发展过程中发挥着重要的作用，并且自信心的发展与变化又受到一些因素的影响，因此我们在具体的教育实践中可从以下几方面做起：

1. 信任每一位学生。

唯有信任，才能驱使学生付出巨大的精力和劳动去争取成功。信任还能产生感应和期望的效应。学生因受教师的感染而相应地产生对自身力量的信心，会因教师期望的激励而迸发出积极的力量。美国心理学家布鲁纳的长期研究表明，对于生理心理发展正常的学生来讲，如能在学习上给他们以各自所需要的不同时间和不同帮助，每位学生都能达到优良的学业水平。在教育过程中，教师不仅要信任优秀生，而且要信任差生。我们认为，无论优秀生还是差生，都蕴藏着成才的优异力量，只是优秀生得到了较充分的发挥，而差生由于主客观的原因未能获得开发罢了，因此教师不仅自己要信任差生，而且还要启发差生相信自己确实是有潜力的，只要发奋图强，是一定能成为有用之才的。

2. 发展学生的能力。

能力是建立自信心的基础，因此教师在教学过程中，应当注重培养和发展学生的各种能力。不仅应当发展学生的一般能力，还要因材施教，发展学生的各种特殊能力，如音乐、文艺、体育等能力，能力水平提高了，学生胸有成竹，自然自信心就增强了。

3. 给学生创设成功的机会。

机会是契机的，一个适当的机遇可以成为一种转折点，使人从此踏上成功之路。爱因斯坦是由于叔叔发现其数学天才，加以悉心培养而成为伟大科学家的，被学校称为"不爱学习"的瓦特，因在父亲店铺里得到实践机会，使其创造天才得以发挥，从而获得了伟大的成功。可见，突破口在一个人的身上，往往呈多角度，需细心寻找，这种突破口一般就是一个人的特长、优势和潜能所在，特别是一种闪光点、生长点、发展点，一旦发现，就要创造条件，施以良性刺激，积极扶植。

4. 适当鼓励，及时评价。

自信心的形成离不开对自身能力的自我评价。青少年学生总是渴求从接触的人的评价中来判定自己的价值，因此在学生心目中有威望的教师、家长的鼓励和评价会强烈地支配学生对自己品质和能力的估价，影响学生自我评价的发展。在学生自我意识、自我评价发展过程中如果经常得到别人的评价和鼓励，他们就容易从这些信息中发现自己，看到自己的价值，这有助于形成自我评价的动机，从而产生对自己持肯定态度的评价方式。在教师鼓励、帮助下，不断取得成绩和进步也就不断体验到"成功感"，于是这种对自己肯定、相信的自我评价的动机就会概括化和定型化。从而逐步形成比较稳固的性格特点——自信心，而且适当的鼓励和评价还有利于自信心的巩固和发展。因此，在教育过程中，教师、家长对于学生的成绩和进步都应当及时肯定和充分鼓励，对暂时后进的学生要看到他们的长处，只要他们有一分的优点，就应热情地给予三分的肯定和赞扬，并经常地给学生一种心理暗示："你有能力做好这件事"、"你在英语这门课上一定会取得好成绩"。

第三章　养成良好的学习习惯

　　学生厌学，与学习本身的局限性有关。学习是一系列复杂的心理活动过程，这个过程需要付出很大的心智努力。而这种需要心智努力的事情，都伴随高度的精神紧张，久而久之必然会产生心理疲倦感。同时，学习也是一个长时间的周期，并非一朝一夕就可完成。无论进行什么性质的工作，时间长了，都会多多少少的令人产生厌倦情绪，学生从小学一年级开始，持续努力学习十几年，甚至更长。所以，学习本身存在的局限性就使学生产生心理疲倦，从而导致厌学。

　　克服学习的局限性，需要养成良好的学习习惯。

　　学习习惯是在学习过程中经过反复练习形成，并发展成为一种个体需要的自动化学习行为方式。良好的学习习惯，有利于激发学生学习的积极性和主动性；有利于形成学习策略，提高学习效率；有利于培养自主学习能力；有利于培养学生的创新精神和创造能力，使学生终身受益。学无止境，教师要教导同学们在学习过程中善于总结自己的学习经验，同时善于借鉴别人适用的优秀经验。聪明的学生一定能找出适合自己的一套学习方法，乘风破浪，早日到达胜利的彼岸。

第一节 克服懒惰

我们常常听老师们私下议论"现在的学生确实够懒",并历数起学生懒的表现:当天课堂作业千呼万唤"叫"不来;家庭作业千方百计寻借口,空本子回家,白本子交来;上课身在教室心在外,任凭你苦口婆心呕心沥血,他雷打不动,一波不泛;班级劳动拈轻怕重……可见,懒是我们教育教学实践中经常遇到,非常头痛的问题,也是横亘在我们教育工作者面前一道需要攻破的难题,懒惰习惯的养成也是制约学生进步和健康成长的瓶颈因素。

老师们都知道勤奋对学生成长、成才的作用,都希望自己的学生能勤奋学习。可现实情况却往往事与愿违,有的学生不仅不知道勤奋学习,就连最起码的家庭作业也要在家长三番五次的催促下才被动完成。懒惰、懒散是很多学生的毛病,本来稍微经过努力就可以达到的目标,他们却因为自己的懒惰,使得简单的问题变得复杂,容易的事情变得困难。

"书山有路勤为径,学海无涯苦作舟",自古以来,历代的知识分子都要以自己的勤奋和痛苦为代价,去换取知识的收获与丰足。天下没有免费的午餐,只有让学生明白了付出与收获的正比例关系,让他们明白有的时候付出了却并不一定会收获成功,但不付出一定没有成功的客观现实。而且,学习是一个长期的过程,不是一劳永逸的任务,勤奋、痛苦将伴随一个人的漫漫学习之途。

懒惰是一种好逸恶劳,不思进取,缺少责任心,缺少时间观念的心理表现。懒惰是成功的绊脚石,在充满困难与挫折的人生道路上,懒惰的人习惯于等、靠、要,从来不想去求知、发明、拼搏、创造,最终只能是一

事无成。只有勤奋、刻苦、好学、上进，朝着预定目标孜孜以求，才会达到光辉的顶点，为此要努力克服懒惰的习惯。然而，懒惰习惯的矫正不可能会一蹴而就，这个过程要经过多次反复，教师一定要有足够的耐心和信心。唯有坚持，学生的懒性才会逐渐消减，以致克服。

案例

孟母断机教子

被后代誉为儒家"亚圣"的孟子，刚上学的时候很用心，写字一笔一画都很工整。不久以后，他觉得学习太辛苦，不如在外面玩耍快活。于是，他逃学了，常到山坡上、树林中去玩，好开心啊！不用面对教书先生那副严厉的面孔，不用苦恼课堂上烦躁乏味的内容，孟轲感到一种由于懒惰和贪玩带来的轻松和自由。

一天，他回到家里，正在织布的母亲问他："怎么这么早就放学了？"他只好承认逃学了。母亲生气地说："我辛辛苦苦织布供你读书，你却逃学，太没出息了！"孟轲连忙给母亲跪下。母亲于是拿起剪刀，毫不留情地把尚未织完的布剪断了，生气地说："你不好好读书，就像这剪断的布，中道而止，功亏一篑，还有什么用处？"小孟轲看到母亲的坚决，看到被辛辛苦苦织起来的布全部废掉了，他哭着说："母亲，我错了！我今后再也不贪玩了，一定好好读书！"从此，小孟轲勤奋学习，再不偷懒。后来，他终于成了中华历史上扬名千古的大思想家。

案例分析：

孟轲能成为中国历史上著名的思想家，不仅仅是因为他聪明，更重要的是他持之以恒、勤学苦练的结果。他的勤奋好学的精神，恐怕也要得益于母亲这充满智慧的一剪。孟母是中国母教文化的先行者、代表者，她对待孟子，不仅扮演了母亲的角色，也承担起教师的责任。孟母的教育方法，历尽千年而不衰，我们现代的教师们实在应该好好借鉴，好好践行。

下面列举一些懒惰的具体表现：

（1）不能愉快地同亲人或他人交谈，尽管你很希望这样做。

（2）不能从事自己喜爱做的事，不爱参加体育活动，心情也总是不愉快。

（3）整天苦思冥想而对周围漠不关心。

（4）由于焦虑而不能入睡，睡眠不好。

（5）日常起居极无秩序，无要求，不讲卫生。

（6）常常迟到、逃学且不以为然。

（7）不能专心听讲、按要求完成作业，文具常不配齐。

（8）不知道学习的目的，不能主动地思考问题。

首先，我们来分析一下懒惰的表现，它可以从以下两个角度来看：

1. 思想方面的懒惰

懒惰的人常有明日复明日的思想。明知道这件事应该今天完成却总期待着能够明日去做。例如：有懒惰心理的学生在完成当天作业时，常找出各种理由拖拖拉拉，边玩边学，时间晚了，就想明天早晨早点起床再完成，而第二天又起床晚了，上学后，又有了新的任务，这样明日复明日，学习成绩可想而知。

懒惰的人常有依赖别人的思想。老师们经常会发现，在课堂上踊跃发言的总是个别几名同学，而更多的人懒得动脑思考问题。心里想：反正我不举手，也会有人说出正确答案。这种依赖别人的懒惰心理只会使思维变得越来越迟钝。

2. 行动方面的懒惰

思想的懒惰必然导致行动上的懒惰。懒惰的人明明知道某件事应该做，甚至应该马上做，可却迟迟不做，或硬挺过去；做事时总是无精打采、懒懒散散、拖拖拉拉；做事不积极、不主动、不勤奋。

针对这一问题，教师们应该注意建立起具体的任务分配和检查机制，布置作业的时候，一定要说清楚作业内容要求、上交时间限定、相应惩罚措施等，不能任由学生拖拖拉拉，或者滥竽充数，蒙混过关。虽然学生会因为一时的侥幸过关而自得其乐，但时间长了，老师的这种"宽容"将会变成一种纵容，而一次次的纵容，又会助长学生的懒惰心理，不利于他们的健康成长和长足发展。

其次，我们来探讨一下懒惰心理的形成原因，这个问题也可以分几点来看：

1. 依赖性强

如今的独生子女有严重的依赖性。什么事情都要靠父母或老师，他们没有主见，缺少独立性，在家靠父母，在学校依靠老师，在社会上依靠其他人。这种依赖性就是导致懒惰的主要原因。不管做与不做，不管做的好与不好，最后总有人为他们查漏补缺，甚至亲手代劳。换句话说，懒惰的形成，学生自身应承担很大一部分责任。与此同时，家长和老师们也应承担一定的责任。

2. 缺少上进心

上进心是前进的动力。缺少上进心的学生做事容易满足，对自己要求不高，得过且过的思想严重：做事不求真，不求质量，不求快节奏，常抱着"应付"的态度和"混过去就行"的不负责任的态度。而这种缺少上进心的表现必然导致懒惰现象的产生。例如，一学校每届儿童画展中，要求班级中的每位同学创作一幅美术作品，在班级内展出。就有个别同学放松自己的要求，心想：班级有这么多幅作品，也不缺我这一幅，应付过去就得了，于是懒得精心构思，懒得用心着色，草草完成了事。这种缺少上进心的表现是产生懒惰心理的根本原因所在。

3. 家庭关系的影响

从客观上说，家长的过分溺爱，也是造成学生懒惰心理的因素。爸爸妈妈对孩子的过分娇纵，大包大揽，只会使孩子从小养成"衣来伸手、饭来张口"的不劳而获的坏习惯。另外，有的家长本身就缺少时间观念，没有勤劳的习惯和雷厉风行、果断利落的作风。"身教重于言教"，这样的家庭影响严重影响了子女良好健康习惯的形成和良好行为的发展，促进懒惰现象的发生。

老师要和学生的家长保持沟通，帮助学生找出学习之外的问题所在，因为很多时候，学生学习本身并不成问题，只是学习之外的性格特点、行为习惯、生活方式等影响到了学习。

懒，从特征上看，可以分内外两个层次研究。一是外显表征，呈现

为行动迟缓，对任务完成表现为拖拉，达成质量不高；二是内在隐象，责任心淡薄，达成目标的向往表现不强烈，低调，甚至厌倦对抗。这两种表现都能在学生群体中找到普遍的、大量的例子。有句话总结得好：任何努力，不一定取得成功；但是要取得成功，必须付出努力。这句话至少说明一点，成功的收获必须付出努力的耕耘，而懒惰与努力是无缘的，懒惰的人很可能一事无成。如何避免懒惰，作为教师，更应该谨慎地对待这一问题，因为教师的职责是教书育人，假若教师在这个问题上没有采取行之有效的措施，那么，他所教育的对象很可能会在懒惰的问题上越走越深，以致于不可自拔。如何避免懒惰，应从以下几个方面作出努力：

1. 以趣起兴

兴趣是最好的老师。学生懒，或者对某一科的消极应对，究其根源还是缺乏强烈的兴趣，导致行为上的不配合。矫正懒的习惯，还得从培养学生学习兴趣入手。可以从下面几个方面作为突破口：

一是扬其所长诱发兴趣，学生的长处是学生情趣集结的焦点，教师要善于发现学生的这一切入点，有时在学业上甚至寻找不到，可以扩大到学生生活中，故意凸现其超群的一面，然后创造机会，因势利导暴露薄弱，从而拉动"内需"。

二是可以营造"书到用时方恨少"的尴尬激发学习兴趣。教师可以提供学习技能知识运用的实际场景，这种机会可是营造的，也可以是真实的社会实践，使学生感受到在"用知之地""用武之时"知识和能力的缺乏，从而激发内在学习冲动。

三是用学科趣味点引发兴趣，每一学科都有自己的特点，教师在实施中应该很好的把握。如语文识字应该是很枯燥的事，但是如果对文字背后隐藏的故事进行挖掘，可以说每个汉字就是一首诗，就有一段渊源。如果我们能带领学生对这些内容产生兴趣，无论学生研究是浮浅的，还是全面深入的；是对的，还是错的，都是了不起的，都是一次有益的心智尝试。"趣"是学生对学习任务的积极评价，学生只有意会到趣，才会在行动上表现为"兴"，才不会出现冷淡。

2. 共识目的

对自己应该有的行为缺少足够的正确认识，是导致学习等行为懒散的关键原因。在治理学生懒的毛病中，这就要求教师想办法让学生知道和理解学习要求，以及做出这样要求的目的，并使其成为激发学生持续学习动机和良好学习行为的纲领。只有这样，学生的学习行为才不至于南辕北辙，认识模糊，进而导致懒惰。在使学生明确学习目的，建立学习责任感的过程中，教师一定要与学生平等交流，不能居高临下，义正严辞，更不能声色俱厉。要做到帮热心，交知心，补恒心。

3. 督放有度

改变懒惰的习惯，需要主观努力，也需要外界的约束，必要的监督是使学生克服懒惰的保证。实践中可以把学生安排在显眼的座位上，教师在教学中多用目光关注，在检查时有意识点名抽查，让学习小组长或者同桌相互监督，这样懒学生的懒毛病无处也没机会体现，使他们时刻在提醒和警醒中完成学习行为。另外教师在组织教学中要尽量避免为学生提供"南郭先生"成长的温床，比如尽量避免：回答问题齐拉喊；家庭作业只安排不检查；要求言之凿凿，却雷声大雨点小；言而无信，失信于学生，使自己对学生的要求无法引起学生的重视，产生的约束力很弱。最后，适当的放也是克服懒毛病所需的。上课时教师可以为学生提供多一点的独立回答问题，表达自己见解的机会；生活中还可以让学生承担比较重要，自己通过努力可以胜任的班级服务岗位，让他在享受别人服务中，为别人服务，找回自信，强化责任感，逐步脱离懒毛病。

4. 协作共赢

用集体的力量教育人，也可以在矫正学生懒病中做一些尝试。比如，建立学习小组，尽量安排勤奋的同学与懒学生同学为一组，并制定明确的学习制度，以组来衡量学习质量，有一名组员没完成就不行，让组内人员成为"利益共同体"，学生总在提醒，帮助中学习，完成任务；还可以健全"任务链"，让有懒惰习惯的学生成为链接中的一环。常见的方式有开火车游戏，故事大家串，日志大连接等。学生总在继续中完成一个又一个任务，自己一懒惰，连接就会中断，这样既坚定了学生的责任心，又可以

使学生逐渐忘记偷懒的念头，慢慢向集体融合，最终成为集体的一员。当然还可以引入竞争，在选择竞争对手时，一定要兼顾其发展的水平，既不能让其轻而易举的取胜，也不能让其可望，而根本不可能及，要让其通过努力才可能赢得对手。这样比赛好比成了自己举起的鞭子，时刻鞭策自己前行。

第二节　合理安排学习时间

善于利用时间的人往往站在成功的前列，而不会利用时间的人则通常与失败为伍。帮助孩子安排好自己的学习时间，就会让孩子成为时间的主人，并在生活中掌握主动权。大凡有成就者都是惜时的楷模。"不叫一日闲过"、"不轻一寸光阴"，将来才能不因虚度年华而悔恨，不因碌碌无为而叹息。但在学习中，很多孩子有爱拖拉磨蹭的坏习惯，既耽误了自己的时间，有时又会影响别人。

每个人都拥有一笔巨大的财富，但最后这笔财富所发挥的价值却有很大的不同。同样是人，同样活了一辈子，同样的一天 24 小时，有的人成绩显著，而有的人一事无成。作为学生，要学会管理自己的时间，合理安排时间，制订学习计划，有系统地利用时间，高效率地合理安排时间，将有利于提高学生的管理时间能力、学习能力。

古人云："少壮不努力，老大徒伤悲。"人生短暂，转眼就是百年。然而能活到上百岁的人又有多少呢？即使上百年，按三分之一的睡眠时间算，那么你最少要睡上三十几年，必要的饮食消遣也得花去十几年时间，况且还有老弱幼稚阶段。这样细算下来，真正能用在学习、工作上的时间就少得可怜，这极有限的时间如果我们再抓不住，那就会一事无成。

案例

"乌龟"变快了

小明的性格很温和，做起什么事情来都很踏实，他办事也很令人放心。但是他有一个很大的缺点，就是办事速度极慢，办事效率很低，同样

的作业他付出的时间要比别人多几倍。

小明做作业一笔一画，说话有板有眼，走路不慌不忙，他好像从来不知道什么是紧张。这样，他很少出错，质量相对比较高。但他付出的代价也是很大的，无论什么事，他都必须花几倍于其他同学的时间去完成：洗澡一洗就是一个多小时，同学在旁边催，他也快不起来；课代表催交作业已几遍了，他仍然不慌不忙；考试他从来没有考出过真实的成绩，因为即使老师认为时间足够，他也全都会，但他也完成不了。他的拖沓是有名的，父母说他是"雷打不动"的性子，同学给他起了个很不雅的外号——"乌龟"。我分析他是找不到快的途径，他也为自己的性情苦恼，多次找我反映内心的苦闷。于是，我开始进一步观察他。我发现他没有明显浪费时间的迹象，但是在时间的利用上却相对较差。这种现象，当然与他的个性有关，他不善于充分利用时间，学习效率低下，精力容易分散也是一个重要原因。比如，他在学习时很容易分心，常被一些无关的琐事困扰。

为了帮助他克服自身的缺点，我特地交给他一项任务，那就是让他去做一次调查，调查的题目就叫"我的时间到哪里去了?"我给他提供了办事、学习效率高的几个同学的名单，要求他把他们的一周所有时间统计出来。他去做这项工作了，一周后结果出来了。这件事情对他触动很大。在调查表上，他对那几个被调查的同学的时间做了详细的统计，比如吃饭多长时间，做某科作业多长时间，游戏娱乐多长时间等。但我最感兴趣的还是他的小结。他认为自己之所以效率低下，一个很重要的原因就是不善于利用时间，而那些学习轻松而成绩不错的同学安排时间则很合理。其中有一段他是这样写的："我一直觉得时间不够用，作业太多，应付不过来，这次调查使我认识到，别人在做作业时，我在找本子，在找笔，在捡掉到地上的书，在把不舒服的凳子摆正；别人吃饭的时候，我在把菜一遍遍地翻来覆去。我的时间到哪里去了?就到这些琐事上去了，这纯粹是我不注意整洁、缺乏条理的毛病造成的。"他还提到听课及课后复习对提高作业速率的重要性，这已经超出了当初布置调查题目的本意了。从那以后，小明开始注意一些生活习惯，注意统筹安排时间。渐渐地，原来被时间困扰的小明不见了，代替的是会掌控时间的小明。

案例分析：

很多学生不懂得珍惜时间，与教师对学生的行为习惯缺乏培养有很大关系。一个班级有几十个学生，老师们不可能将每一个学生都照顾到位，受精力和时间的限制，多数老师都是采取对全班学生等而视之的态度。结果，就造成了老师对每个个体关爱不够、缺乏理解的现象。一个学生不会安排时间，对班级整体成绩不会产生大的影响，有的老师就不会对其有足够的重视，更不会有的放矢地帮助学生改正了。除非班级大部分学生都养成了这样的坏习惯，而且这个坏习惯已经对班级产生了不可忽视的影响，老师才会有足够的重视。

帮助学生养成珍惜时间的良好习惯，绝非一日之功，建议老师从以下几点做起：

1. 引导学生集中精力做事

一旦养成了这样的好习惯，就不会出现手忙脚乱、被动应付的局面，反而会觉得时间比较充裕。对孩子来说，做作业集中精力，很快做完，与拖拖拉拉，总也做不完比较，前者反而可以腾出更多自由支配的时间，可以去做自己喜欢做的事，或看课外书，或画画，或进行体育活动等。

2. 培养学生的勤奋精神

时间，对于每一个人都是平等的，都是一天 24 小时。对待时间的态度不同，时间贡献的效益可就大相径庭了。鲁迅先生认为天才就是勤奋，他自己的成功，不过是把别人喝咖啡的时间"挤"出来用在了学习和工作上罢了。鲁迅先生对时间的比喻，一个"挤"字道出了生命的真谛。若一辈子总是懒懒散散，无所作为，生命还有什么价值可言？若对时间没有"挤"的精神，想成就一番事业，岂不是懒汉做美梦——空想一场罢了。

3. 培养学生抓紧时间的观念

为了不浪费时间，一切学习用品的摆放要有序，要有定规，若摆得杂乱无章，就会为找东西浪费许多宝贵的时间。要从每一件小事上养成"今日事，今日毕"的习惯，督促学生把应该做的功课按时完成，不要随意将任务推延，切忌"明日复明日，明日何其多"的拖拉作风。在养成按时完成任务这个好习惯的过程中，教师要耐心细致地说服、帮助，不可性急、

焦躁，更不可采取粗暴强制的方法。在督促学生完成自己排定的任务时，要着眼于时间观念的培养，而不仅仅是应付差事。

4. 做好与家长的沟通

很多学生拖拉之风的形成来自于家里，"解铃还须系铃人"，教师与家长做好沟通，双管齐下，对症下药，对带领学生走出浪费时间、事倍功半的困境则是尤为重要的。教师可以建议家长这样去做：

（1）督促孩子早睡早起，自我减压。尽量利用白天学习，提高单位时间的学习效率，不要贪黑熬夜，累得头脑昏昏沉沉而一整天打不起精神。同时，别把考试成绩看得太重，一分耕耘，一分收获，相信自己只要平日作出努力了，必然会有好的回报。这样，学习时就能心里轻松、心情愉快，注意力就容易集中了。

（2）明确目标，用好方法。从大的方面说，要让孩子认识到，今天努力学习是为了创造美好的明天，成为对家庭对社会有用的人。从小的方面说，这一年，这一学期甚至这一天，孩子应该完成哪些学习任务。目标明确了，学习的动力就足了，注意力就不易分散了。诚然，我们要注意用一些较好的方法来训练他们集中注意力从而提高学习效率。

（3）放松训练。让孩子舒适地坐在椅子上或躺在床上，向身体的各个部位传递休息的信息。从左脚开始，使腿部肌肉绷紧，然后松弛，同时暗示它休息，然后，从右脚到躯干，再从左右手放松到躯干。这时，再从躯干到颈部、头部、脸部全部放松。只需短短的几分钟，他就能进入轻松、平和的状态。

（4）难易适度。教育孩子对于那些已能熟练解答的习题不要一遍又一遍地去演算，要找一些这方面经典性的题目去攻克；对于难度大的题目，先是独立思考，再求助老师、同学或家长；对于不感兴趣难度又比较大的内容，自己首先订好计划，限定时间去学习，就不会松懈拖沓。拿下学习中的一个"山头"，就给他们一个奖赏，让成就感来激励他们，从而使其集中注意力。

（5）感官同用。教孩子调动多种运动器官来协同活动，在大脑皮层形成一个较强的兴奋中心。如耳听录音带，嘴里读单词，眼睛看课本，手在

纸上写单词。这样，注意力就当不了"逃兵"了。

（6）排除干扰。例如对孩子进行排除干扰训练：先在没有任何干扰的情况下让孩子背诵一段 200 ~ 400 字的文章，看需要多少时间，然后在旁边有干扰时背这段文章，看需要多长时间，直到在两种环境中时间相同为止。

案例

听听家长的呼声

在家庭教育咨询活动中，我们经常接到教师和家长的电话、来访，谈到孩子磨蹭的问题。

——一个学生上课写字，眼睛盯着本，就是不写字，那支笔在他的手里转哪转哪，半天了，一个字都没写。教师看着他都起急。

——一个学生在家写作业，拿出铅笔盒，把自动铅笔拆了装，装了拆，其实那笔一点毛病都没有，10 分钟过去了，一个字都没写。写着写着觉得饿了，拿块点心边吃边写；再过一会儿又郁闷了，打开录音机，跟着录音边哼曲儿边写；一个儿小猫叫了，又逗一会儿小猫。一个钟头的作业能写上两三个钟头。

——一个孩子洗脚，愣洗了半个钟头，水都凉了，那脚还在洗脚盆里边涮呢。

——吃饭时最先上桌子的是孩子，最后一个吃完的还是他。

某小学调查，学生多多少少有磨蹭习惯的高达 71.4%！

案例分析：

1. 学生磨蹭的原因分析

从主观上看，主要有以下几点：

（1）学习目的不明确。问学生为什么要上学？答曰："谁知道为什么要上学，我妈非逼我上学不可。"学习上这样盲无目的，怎能有紧迫感，怎能抓紧时间呢？

（2）学习兴趣不浓。有的孩子只想玩不想学习，能凑合就凑合，能磨

就磨，实在逼得没办法了才快点，其他时间就任其消磨。

（3）时间概念不清。孩子们和成人对时间的感受是不一样的。大人总感到时间过得太快，总有做不完的事。孩子就不然了，他们总觉得时间过得慢，小明过完年就嚷嚷：什么时候再过年哪，我还要看新年晚会的节目呢！时间在他们眼里是取之不尽，用之不竭的，着什么急呀！

（4）习惯问题。有的孩子已形成动力定式，遇事自然就磨蹭。

（5）性格问题。孩子是慢性子也容易磨蹭。

从客观上分析，主要有这样一些原因：

（1）传统观念的影响。由于我国几千年来小农经济的影响，人们的时间概念上往往是以年为单位计算的。人们习惯于慢节奏的生活和工作方式，这对孩子会产生一定的影响。

（2）缺乏应有的训练。家长对孩子包办代替过多。有的家长看到孩子磨蹭，还一味迁就，说："孩子还小，让他慢慢干吧，别催他！"对孩子顺着、惯着，放任多，要求少。另外，有些孩子放学在家无人管理，自己边做作业边玩也容易形成磨蹭的坏习惯。

（3）学生的学习负担过重。有些教师怕学生拖了班级的后腿，就建议学生参加各种各样的课外辅导班。学生是需要劳逸结合的，结果很多自由时间都被侵占了，他们不得不郁闷地从这个课堂辗转到另一个课堂，被动地、应付差事地完成老师的要求。

2. 防止和克服学生磨蹭的坏习惯的方法

（1）帮助学生认识时间的价值

教师可以通过讲故事等方法帮助学生认识时间，树立"时间观念"、"效益观念"，使他认识到时间是世界上最宝贵的财富，它最长又最短，最多又最少，最快又最慢，最容易丢掉却无法复得，它买不着，借不到，留不住，回不来，你要磨蹭，它就会悄悄溜掉，只有珍惜它，抓紧它，才会"延长"它。成功人物的一个共同特点就是珍惜时间，他们都以争分夺秒的态度对待学习和工作。著名发明大王爱迪生一生获得 1099 项发明专利，除了他的聪明才智，还因为他会抢时间，有时为了实验，一夜只睡 4 小时。居里夫人为了节约时间，不做饭，不上饭馆，每天只在实验室吃几片面包

和牛油。达尔文说:"我从来不认为半小时是微不足道的一段时间。"巴尔扎克说:"时间是人的财富,全部财富。"鲁迅先生则把别人喝咖啡的时间都用来学习和工作。对时间重要性的教育要采取多项渗透的办法,除了讲名人故事外,可以让孩子自己阅读有关书籍,可以在墙上贴上名言警句,可以说亲身经历,可以讲别人的教训。总之,通过各种途径让孩子认识到时间的价值。

(2)让磨蹭付出代价

学生若是由于自己的磨蹭而耽误了作业的按时完成,教师要给以其相应的惩罚,让学生付出代价,让他们意识到自己磨蹭的后果。但应该注意的是,惩罚应当适度,不宜过重,否则,学生不堪忍受过多的惩罚,干脆产生了破罐破摔的消极抵抗心理。时间长了,无论什么样的惩罚,对学生而言,都不起任何作用了。

(3)把作业当考试

考试是限时完成,完不成就交卷。这点需要老师与家长合作完成,因为家庭作业基本都是在家里完成的。建议家长不妨试试,把孩子写作业当作"考试",限时完成。一般的家庭对孩子的作业只检查对不对、整齐不整齐,而没有时间上的要求,孩子爱做多长时间就做多长时间,只要做对就行,而教师并不知孩子用了多长时间,对了就给一百分,至于用多少时间完成无所谓。我们应要求孩子每次作业不但要写对、写整齐,还要尽量缩短时间。家长先把作业看一遍,估计一下时间,对低年级的孩子可按1∶3给孩子限定时间,也就是说家长用10分钟能做完的题,就给孩子限定在30分钟内完成。到时就收卷,不管他做完没做完。磨蹭的孩子只能交未做完的作业,老师就要批评他。第二天,家长还按这个办法要求他,时间长了,磨蹭的毛病就会改变。有些孩子是白天磨,到晚上才着急。对这样的孩子,家里要规定作息时间。到时就熄灯,不让他写了。第二天,他交不上作业,自然着急,白天就会抓紧时间写作业。

(4)节约时间归己

教师还可以把对学生作业的定时管理变为定量管理,每次就留这么多作业,剩下时间就让学生自由安排,这叫"节约时间归己"。学生为了抽

出时间忙活自己感兴趣的事情，就会抓紧写作业，无形之中也就提高了效率。玩是孩子的天性，但不能让他们边学边玩，而应该学是学的样，玩是玩的样，做到"专心地学，痛快地玩"。

（5）教师要起模范作用

如果教师上课迟到、早退，备课马虎、拖沓，学生看在眼里，也会跟着效仿。所以，教师要改变学生磨蹭的坏习惯，本人一定要惜时守时，讲求效率，给学生做个好榜样、好示范。

第三节 由三心二意到一心一意

贪玩是需要父母慎重对待的孩子的"不听话"行为之一。孩子贪玩，是最不听话的行为，能引起孩子一系列的其他问题。管住了孩子贪玩，就等于堵住了孩子其他问题的根源。

贪玩易丧志。对于正处于学知识学本领时期的孩子来说，贪玩不仅会使孩子丧失理想、追求，丧失塑造良好个性品质的时机，还有害身体的健康。"少壮不努力，老大徒伤悲"，贪玩最终使孩子丧失的是美好的青春年华。

每个孩子都喜欢玩，玩，本是孩子的天性。不过，很多孩子玩得过分，玩得沉迷，这就有害而无益了。孩子贪玩是绝大多数父母最头疼的事情。贪玩，不仅影响孩子的功课，同时还会使孩子染上撒谎、旷课等坏毛病，甚至走上犯罪道路。但是，教师也需要正确认识贪玩这种不听话行为，有时候，贪玩并不是不听话，而恰恰是孩子与众不同的个性或者创造力的表现。

孩子过于贪玩的主要表现为：贪恋电视或电脑游戏；只重视体育活动，忽视学习；茫无目标地侃大山；逃学；搞恶作剧……孩子一门心思就在玩上，上课不专心听讲，课后不做作业，放学后书包一扔，抬脚就走了，天不黑不回家。

案例

老师的目光

"我爱阳光，我爱月光，我爱我老师的目光。闪烁着智慧，闪烁着理

想，透过我心灵的门窗……"任岁月潺潺地流淌，我始终不能忘怀的是读初中时班主任郭老师的目光。它像春天里布谷鸟的第一声啼鸣，像夏日里百灵鸟婉转的歌唱，像秋天里小溪潺潺的流水声，像冬天里那一缕缕温暖的阳光。

语文课上，班主任郭老师正在绘声绘色地讲述着《西游记》中孙悟空大闹天宫的片段："那大圣听说，心中暗笑道：'这如来原来十分愚蠢，我老孙一个筋斗云十万八千里，你那手掌方圆还不满一尺，你叫我跳，岂不是笑话？'他生怕如来反悔，忙追问道：'既然如此说，你可做得主张？'如来笑着答道：'做得，做得。他玉帝要不答应，你只管问我便是。'只见如来伸出右手，却似荷叶大小……"

郭老师精彩的讲述，逗得同学们不时发出会心的笑声。坐在我前排的女生妍妍听到高兴处，还要将辫子甩几甩，漂亮的蝴蝶结蹦蹦跳跳，就像几只蝴蝶在我眼前飞舞。看着她的高兴劲，我不由眉头一皱，计上心来：你不是喜欢在教室里放飞"蝴蝶"吗？待我捉住这几只"蝴蝶"，再把它们钉在课桌上，看你还臭不臭美。我的脑海中不由展现出一副滑稽的场景：我一把抓住妍妍的蝴蝶结，钉在课桌上，她痛得龇牙咧嘴，大叫饶命。全班同学幸灾乐祸，我瞬间成了同学们眼中的英雄……想着想着，我不由伸出了双手，去捉前面的蝴蝶结。蝴蝶结还没捉住，抬头却碰上了班主任的目光，目光中有怒责也有呵斥，有忧郁也有关切。瞬间，我那双刚伸出不远的手仿佛被郭老师施了"魔法"，定格在妍妍跳跃着的蝴蝶结旁，再不敢越雷池半步，心中还不由暗自庆幸："幸好这蝴蝶结调皮，一时捉不住，否则，该有我的好果子吃了。"我的额头浸出一抹冷汗。孙悟空到底跳不出如来佛的手掌心，我这"诡计多端"的"孙猴子"又怎斗得过郭老师这"老谋深算"的"如来佛"？自此，无论前排妍妍的蝴蝶结如何飞舞，我都能不为所惑，眼睛直直地盯着黑板，认真地听课。

该死的作文课真叫人头痛。今天的作文题目也特别奇怪："最叫我头痛的一件事"。真是哪壶不开提哪壶。写作文本来就叫我头痛，再加上这让人头痛的题目，我一时头痛欲裂。老师又在讲台上讲什么文章的选材、立意、构思、详略……一堆堆的问题真让人心烦……

"歌星刘德华长得真帅，小龙女与杨过的结合真让人觉得有点不可思议，游本昌饰演的济公和尚真是惟妙惟肖……刘二毛昨天到网吧上网，被他爸抓回去痛殴了一顿，真是惨不忍睹。张婶家的母牛下了一头小牛崽，生下来就会走路，真奇怪。王奶奶家的母鸡下了蛋总爱'咯大咯大'叫个不停，好像表功似的……"

正当我东想西想时，郭老师那慈爱中透露出关切，严肃中又不乏温和的目光又盯住我，好像在说："你呀你，为什么总爱上课走神呢？这是在课堂上，你可得认真听讲呀。花无百日好，人无再少年，你要及时努力呀。"这目光，似一把利剑，斩断我的胡思乱想，似三春的阳光，让我又充满了学习的热情与渴望。随着这目光，我的心重又回归课堂……

郭老师的目光是那开荒的铁犁，默默地耕耘着，把智慧与文明的种子播撒在我的心田，郭老师的目光是那雨中的彩虹，一端连着现实，一端连着希望。郭老师的目光是那风筝上的线，任我飞得再高再远，生命的根总系在大地上，郭老师的目光是那跳动的烛光，照亮了我人生的困惑，照亮了我前进的方向。郭老师的目光是最醇最醉的酒，是最美最美的诗，是最真最真的梦。

难忘郭老师的目光！

案例分析：

课堂教学中，某些学生由于某种原因，经意或不经意地把注意力转向其他方面，心不在课堂上，这样，既影响了本人的听课效果，也不利于良好课堂秩序的形成。面对这一情况，传统的课堂管理办法是教师运用与教学内容无关的指令性语言，如"请不要小声讲话"、"请注意力集中"、"请不要搞小动作"等，来规范学生的行为，维持课堂秩序，保证课堂教学的顺利进行。然而，这种课堂教学的显性管理办法，常会带来一些不容忽视的负面效应：它容易中断教学内容的传授，打乱教师思路，导致教师预定的教学计划无法完成。它也容易引起学生注意力的分散，导致学生知识信息的输入过程受阻与中断，严重影响课堂教学效率。因此，班主任老师在课堂教学中灵活运用"态势责备法"，常会起到无声胜有声的教育

效果。

"态势责备"的方法很多，一个手势、一抹微笑、一个眼神，一声感叹……都是其表现形式。教育家马卡连柯说过，"只有学会在脸色、姿态、声音的运用上能做出二十种风格韵调的时候，我才变成一个真正有技巧的人才"。一个优秀的演员能给观众带来欢乐和惊喜，靠的正是以言谈举止、面目表情直接影响观众。一位优秀的教师要想在课堂教学中成功带动学生，也必须掌握"态势责备"这一无声的语言。

其实，学生学习不专心主要有客观和主观两个方面的原因。客观原因包括与学习无关的刺激物的干扰，学习上单调或遇上困难，学习方法不当，学习环境不好等；主观原因包括缺乏学习上的兴趣和信心，自身注意力差，身体或情绪不好，不理解学习的内容，自控能力差等。孩子在学习过程中不专心的表现形式有东张西望，心不在焉，人在曹营心在汉，坐立不安，情绪波动大，对学习产生反抗或淡漠的态度。那么，对于学生学习不专心，教师该怎么做呢？

首先，要教育学生认识到专心的重要性。专心可以高效地利用时间。其实，成功的人不是什么方面都是最好的，但他们对某些专业知识比一般人都在行。这就是因为他节约了在其他方面付出的时间，专心在几件事上。他们在这几件事上花的时间比其他人多得多，所以成功了。我们需要珍惜时间，善于使用时间，更需要高效地利用时间，这就需要专心。专心做事的人最聪明，因为他们懂得用脑，懂得高效地利用时间。

读书学习是一项艰苦而漫长的活动，只有全身心地投入学习，高度专注地完成任务，才有可能获得成功。比如说别人能每天坚持学习五个小时，而你能每天坚持学习八个小时；别人一件事做一个月就烦了，而你做一年也不会厌倦。别人不能专心去做的事情你能专心认真地去做，你成功的机会就会比别人大得多。专注于你所要做的事情就是成功的第一大要素。尤其青少年，只有善于克制自己，把精力投入到学习中去，才有成功的希望。

其次，要注意为学生创造良好的学习环境。学生学习的环境要安静、整洁，教室的布置要简朴，不要有过多的张贴和装饰，同时要有新鲜的空

气和充足的阳光，还要减少学习环境中不良因素给孩子学生的干扰刺激。

第三，课下多和学生沟通交流，激发学生学习的积极性，同时和学生共同寻找适合他的最佳学习途径和方法，形成良好的学习习惯。课堂时间有限，而且课堂属于公共领域，很多私密性的问题只有在私下说出来才不会损害学生的自尊心。如经常与学生进行交心式的谈话，在谈话过程中向他讲述一些有关学习的故事和小常识，在逐步与学生建立相互信赖的朋友关系的同时，还能使其认识到学习的重要性，可谓是一举两得。

在学生进行某一科目的学习时，必须要让他们明确此科学习的目的、任务和意义，让他们认识到学习这一科目内容所要完成的任务和要解决的实际问题。同时帮助学生寻找学习的途径和方法，引导他们对成功所带来的喜悦的向往，自然而然地使他们保持自觉学习的良好习惯。

当学生遇到困难而又不能在短时间内解决时，往往会对学习放松甚至放弃，也就是他没有坚强的意志力去克服困难。在这种情况下，学生很容易把注意力转移到别的事情上，出现分心现象。因此，教师要在平时注意锻炼学生的意志力，即逐步引导他们在有干扰的环境中或在有限的时间内坚持完成学习任务。

当学生在学习上取得一定成绩时，教师应及时地加以表扬和鼓励，以激发学生学习的积极性。当学生出现学习分心的现象时，教师不要过分的指责，批评要细致耐心，简明扼要，不要过分唠叨，更不能对孩子进行身体上的惩罚和人格上的侮辱。

现在孩子学习不专心的比例相当高，据抽样调查，比较严重的占20%左右，有时不专心的占30%左右，也就是说将近一半孩子学习不够专心。

——有的孩子做作业，边做边玩，心思不能集中在作业上；

——有的孩子做作业时只要有人说话就搭茬；

——有的孩子学习时外边有人走路，汽车声响都会受干扰，无法专注于学习；

——有的孩子上课听讲静不下心来，一会儿和同学说话，一会儿玩手中的东西，一会儿看看窗外；

学生学习不专心的表现是各式各样的，年龄不同表现也不同。同样，

不专心的原因也是多方面的。

1. 身体原因

有些孩子学习不专心是由于身体原因。如蛀牙、皮肤搔痒、肠胃不适、感冒咳嗽或疲劳、困乏、饥饿等。由于身体不舒服，学习时无法专注于学习的内容。教师要关心班上每一位学生的健康状况，不能看到学生心猿意马的现象就对学生批评，细心地观察学生的举动，找到他们不能安心下来的确切原因，然后对症下药，这样才能有的放矢地对学生加以引导和帮助。

2. 心理原因

有些孩子由于心理压力过重，自尊心受到伤害，他们心理不平衡，很难把精力专注于学习中。如遭到讽刺、挖苦，受到不应有的干涉，与家长发生矛盾等。

《中国教育改革和发展纲要》明确指出："中小学要由'应试教育'转向全面提高国民素质的轨道，面向全体学生，全面提高学生的思想道德、文化科学、劳动技能和身体心理健康素质"。由此可见，心理素质的培养不仅是素质教育系列的重要内容，而且是整个素质教育的基础和关键，离开心理素质的培养，其他素质就没有了心理基础。同样，健康的心理是学生搞好学习的前提和保证。它不仅仅是学生个体的需要，也是社会对学生个体的需要。在这个高效率、快节奏、竞争激烈、充满创新的经济社会，社会需要的人才，不仅要求具有一定的专业知识，而且要具有创新精神，具有健康心理和健全人格的高素质人才。建议教师朋友们做好以下几点：

（1）及时发现学生的不良心理品质，因人施教，对症下药。

（2）提倡民主教学，注重心理培育。

（3）利用户外活动，加强心理教育。

（4）交给学生心理调节法，提高培育效果。

3. 外界刺激干扰

学生在自主学习过程中常遇到许多干扰因素，例如对于学习重点不能确定，对于自身的能力不甚清楚，对于学习缺乏继续下去的意志力等。这

时，教师要给予及时的指点，防止学生浪费时间和精力。这样能激发学生更大的学习斗志，培养他们的学习意志和学习毅力，从而使学习的主动性得以持续性发展。

学生在预习、准备的过程中可能遇到较多的问题，教师应能时常进行指导。在关注学生"学"的过程中，教师就是方向的引导者，探究的合作者，情感的激发者，方法的指导者。教师的指导切忌包办代替，要尝试用问题引动以产生体悟，对话交流来呈现思想，点拨归理而渗透观点，否则将失去其积极意义。

对于负责一框题的同学而言，如何在全班同学面前，将想要表达的意思，完整、准确、简洁地表述清楚是一大挑战。一方面，要求教师要学会赏识学生在这一过程中的点滴成就，共享其成长。另一方面营造一种和谐、团结的班级氛围，同学之间互相包容、鼓励，求知过程中自主学习、合作探究，相互促进而共同发展。只有这样，才能使每一个学生积极地参与到教学中来，并在这一过程中得到各自的发展。

4. 学习内容不适当

所学内容过深或过浅，孩子感到索然无味，同时又存在着另一个比较新异的注意对象，这样注意力很容易分散了。教师要根据学生的兴趣，有侧重点和倾向性地选择能够调动学生积极性的话题。当然，在一个学生众多的大班级中，众口难调，教师想要适合每一个学生的口味是不现实的。但起码有一点教师可以做到，即不要选择那些枯燥的、令人昏昏欲睡的讲课内容。即便是迫于大纲要求，有些枯燥的知识不得不向学生教授，教师也应注意自己的方法，把单调乏味的说教变成一种平等的交流、探讨，激发学生参与的热情，开发学生的创造力。

5. 学习负担过重，厌烦学习

现在不少孩子学习负担重，整天如机器人一般，学呀，学呀，学得没完。加之家长望子成龙心切，"教育过度"，让孩子参加各种学习班、辅导班，孩子产生烦恼情绪也容易分心。

首先必须改变对学生学习的陈旧观点，培养学习兴趣，激发学习动机，建立起学习的自信心。其次，训练或要求学生形成良好的学习习惯，

树立正确的学习态度，它往往是学习成功的前提。再者，传授学习策略，掌握学习方法是关键。

实施心理辅导，增强心理承受能力。实施心理辅导已成为当前中小学教育实践工作者和部分理论工作者的强烈呼声。实施心理辅导，可以使他们增强认识自身的自觉性，增强自我激励、调控的心理机能，养成良好的心理素质，从而促进其健康发展。

加强交往教育，鼓励学生在交往活动中相互认知，相互沟通，积极主动地获取信息，沟通情感，增进了解，反省自我。

第四节　摆脱马虎、粗心的毛病

马虎习惯严重影响学生的生活和学习。它耗费学习时间，干扰学习思路，降低学习成绩，考试中给学生造成不可弥补的损失，有的学生甚至因马虎而形成了学习中的心理障碍。其实，马虎是学生的常见病之一。几乎每一个孩子都会因为马虎的原因在考试中多多少少失去些分数。然而，马虎的问题常常被学生以这样那样的理由给忽略了。于是积少成多，当因为马虎失掉的分数让一个学生感到吃惊的时候，他只能后悔莫及了。除此之外，若是在关键问题上马虎了，学生往往会因小失大，前功尽弃。比如升学考试，差 0.1 分，也许你就与心目中的理想学校失之交臂了。

带孩子摆脱马虎、粗心的毛病，可以使他们在重视细节的过程中发现以前未曾发现的问题，可以使他们的注意力更加集中，责任意识更加强烈。可以说，以改正马虎、粗心的恶习为其切入点，教师可以带领学生养成良好的学习习惯，进而帮助学生从根本上解决问题，提高成绩。

马虎的形成是由来已久的，克服马虎也将不会立竿见影。在这点上，教师一定要劝告学生不要着急，坚持到底。只要执着地相信自己一定能改正过来，并且付出切实的努力，我们相信，每一个孩子都会有所收获、有所进步的。

经常听到家长和老师抱怨孩子马虎：

——我那孩子怎么那么马虎，明明是"3"抄成了"5"；

——我那孩子更厉害，眼睛紧盯着书上的"＋"号，手上就是写"－"号；

——瞧瞧学生作业上的字，不是多一横，就是少一点；

——我那还是女孩子呐，也马虎，上学总是丢三落四，不是忘带书，就是忘带本，还得我给送去；

这是一项针对学生的马虎进行调查，得出来的数据：

问　　题	选　　项		
练习时你经常抄错题吗	没有 2.13%	偶尔 89.36%	经常 8.51%
期中考试你做错的题目中有多少是因为马虎粗心造成的	没有 6.38%	一半 76.60%	一半以上 17.02%
你的作业中经常出现错误吗	没有 0	偶尔 87.23%	经常 12.77%

孩子马虎已是一个十分普遍的现象，是一个严重的问题，必须引起教师和家长的注意。马马虎虎不但影响孩子的学习，而且有碍孩子的成才。未来社会是科学的社会，科学是来不得半点马虎的，严肃认真是科学的生命，没有认真的态度将一事无成。为了提高了一代人的素质，我们必须帮助孩子克服马虎的坏习惯，养成严肃认真的好习惯。

孩子马虎的原因是多方面的，要帮助学生克服马虎的坏习惯，首先要找到学生马虎的原因。一般来说，学生马虎有以下几个原因：

1. 态度问题

有些学生马虎是态度不认真，对学习缺乏责任心，敷衍了事，因而理解知识时囫囵吞枣，做作业时敷衍塞责，马马虎虎凑合着做完得了。

2. 性格问题

有些学生是急脾气，干什么事都心急，急急忙忙难免出错。

3. 熟练程度上的问题

有些学生马虎是因为对所做的功课不熟练，因而顾此失彼，出现错误。研究表明，对习题特别生疏不易马虎，因为还不会呢，会特别小心仔细。对习题非常熟练也不易马虎，熟到不加思索就能写对，很少有把自己的名字写错的，就是因为太熟了，马虎不了。只有半生不熟才容易出现马虎的现象，看着这题一点都不难，可实际上自己又不是掌握得特别好，思想上麻痹，出了错。

4. 习惯问题

马虎已成习惯，干什么事都毛手毛脚，马马虎虎。

5. 考试焦虑问题

有些学生因对考试的心理负担过重，过分紧张，平时做题没问题，一考试就错，这是考试焦虑造成的。针对不同情况，要分别采取不同的措施。如，对态度不认真的学生，应主要解决态度问题，使之认识到马虎的危害，改变不认真的态度；对性格急躁的要训练性格，改变急躁的性格；对那些知识不熟练的学生，应多加练习，使其熟练地掌握知识；对考试焦虑的学生应减轻其心理负担，不要让他把分数看得太重，心理负担轻了就不会那么紧张了；对习惯不好的学生，应纠正其不良习惯，培养严肃认真的好习惯。

针对马虎产生的原因，我们可以找到一些防止和克服学生马虎的方法：

1. 提高学生对马虎危害性的认识

有些学生对马虎的危害没有清醒的认识，认为马虎没关系，虽然错了，可不是我不会。有的家长对学生马虎也不重视，认为只要学生聪明就行，马虎点没关系。这是要不得的，我们应该让学生认识到马虎的危害。提高学生的认识，可以采取以下的做法：

（1）给学生讲有关马虎的故事。

传说在宋朝，京城开封有一个画家，此人画画很不认真，粗心得很。有一天，他画老虎，刚画完一个虎头，就听一个人说，请给我画一匹马，于是他就在虎头下画了个马身子。那人说："你画的是马还是老虎？"这位画家说："管他呢，马马虎虎吧。""马虎"这个词就这么出现了。那位请他画马的人生气地说："这么凑合哪行，我不要了。"于是生气地转身走了。可画家却不在意，还把这张画挂在自己家的墙上了。他的大儿子问："您画的是什么？"他漫不经心地回答："是老虎。"二儿子问他："您画的是什么？"他却随口说："是马。"儿子们没见过真老虎、真马，于是信以为真，并牢牢地记在脑子里。有一天，大儿子到城外打猎，遇见一匹好马，误以为是老虎，上去一箭就把它射死了，画家只好给马的主人赔偿损失。他的二儿子在野外碰上了老虎，可却以为是匹马，迎过去要骑它，结果被老虎咬死了。画家痛心极了，痛恨自己办事不认真，太马虎，生气地

把那幅虎头马身子的画给烧了。为了让后人吸取教训，他沉痛地写了一首打油诗："马虎图，马虎图，似马又似虎。大儿仿图射死了马，二儿仿图喂了虎。草堂焚毁马虎图，奉劝诸君莫学吾。"

这个故事虽是传说，但有一定教育意义，家长在提高学生对马虎危害的认识时，不妨把这个故事讲给学生听听，它比对学生训斥更有教育意义。教师还可以找一些类似的故事，或自编一个故事教育学生。学生最喜欢听故事了，形象生动的故事可以使学生在故事中不知不觉地就接受了教育。

（2）讲科学及生产中马虎所造成的危害。

有个学生从小养成马虎的坏习惯，长大了当建筑师，在计算工地用料时，把砖的数量后面多写了一个"0"，结果工地的砖多运去9倍，盖完楼又用汽车往回运，仅这一项就损失国家财产上万元。

如果宇航专家马虎，那么一个数据写错就会造成上亿元的损失。如果工厂生产投料比例搞错，将会造成产品质量的大问题。如果农业上施农药，浓度搞错就会使人吃了中毒。如果医生马虎，给病人开错了药，就是人命关天的大问题等。

（3）讲述在学习中马虎所造成的危害。

结合学生切身体会讲，本来全都会，可就是得不了满分，因而当不上三好生，考不上重点学校。可以举例，如有的学生在高考中因马虎落榜，中考中因马虎考不上重点学校等事例。

2. 教学生学会自检

老师不给学生检查作业，但应教给学生检查作业的方法。如：

（1）正向检查法。

这种方法是从审题开始，一步一步地检查，看原题是否看准了，有无错误理解；题目中已知条件是否都用上了，运用的概念、公式是否正确；计算是否准确，格式是否标准等。

（2）反向检查法。

这种方法是从答案往回推，用相反的计算验算。如，加法用减法验算，乘法用除法验算，方程用代入法验算等。

（3）重做法。

把题迅速重做一遍，看看两次结果是否一样。如果不一样，就对比一下，分析错误在哪一步，是什么原因，然后更正过来。检查时要根据不同的题目采取不同的方法，学生经常自我检查，就会熟练地掌握住检查的方法，到考试时也能应用自如。教学生学会自检是提高学生学习能力所必须的，切不可忽视。

3. 让学生准备一个"错题集"

学生马虎，经常出错，但对错误又不认真分析，很难吸取教训。很多学生改错题时，并不是找找错在哪里，是什么原因错的，只是把错题从头到尾再做一遍，蒙对了完事，这样改错题实效不大。为了引起学生对错题的重视，我们可以帮助他们准备一个错题集，具体做法如下：

（1）把所有的作业、练习、考试中的错题原封不动地抄在错题集上，留下"错误档案"。

（2）让学生认真检查错在什么地方，并用红色笔在错误下面画上曲线。

（3）找出错误原因并写出来，写得要具体，是概念不清还是用错公式，是没弄懂题还是计算马虎。马虎错的也不要只写"马虎"两字，要写清怎么马虎的，是把"＋"号抄成"－"号了，还是把"3"抄成"5"了，越具体越好。

（4）改正错误，写出正确答案。

错题集是把学生的错题集中起来了，到一定阶段家长可以让学生做个统计，因马虎而错的题占所有错题中的比例是多少，这时再教育才有利于学生对马虎危害的认识。错题集可以使学生及时改正错题，并找出原因，及时总结经验教训。同时，错题集实际上是一个"错误档案"，便于分析问题，找到漏洞，及时弥补。错题集实际上还是一本很好的复习资料，平时经常翻翻，提醒学生不要重犯错题集上的错误。错题集是个警钟，到期末要让学生重点复习错题集上的题，补上这个薄弱的环节，使错题集成为一本自制的参考书。

学生最烦的就是改错，尤其是改错要经过错题集上要求的四个步骤，

因而宁愿做三道新题，也不愿改一道错题。这很好，我们就要利用学生的这种心理，告诉他要怕麻烦就要仔细认真，争取不马虎，不粗心，不错题，一遍做对。

4. 培养学生"不要依靠橡皮"

有些学生学习时不认真，写错了就用橡皮擦，擦了一遍又一遍，把纸都擦破了，这种学习方法不好。我们应该锻炼学生不用橡皮，每次作业都仔细认真，争取一遍做对，这是防止马虎的重要措施。不用橡皮有很多好处。首先，它可以锻炼学生"三思而后行"的好习惯，每次做题前先动脑再动笔，想好再写，争取一写就对。养成了这个好习惯，将来长大了，对工作也能认真负责，先想好再干，争取一次成功，不出废品。其次，不用橡皮，学生写错了就可以把错误留在作业本上，这是学生思维的档案，错误没被涂掉，便于家长检查出学生的毛病，帮助他改正。对学生来说也养成正视错误，不掩盖问题的好品质。错误留下来，以便复习时重点复习，有针对性地复习。不用橡皮可以促进学生做作业仔细认真，但这不等于不允许做错题，做错了还可以重做，只是把错了的留下，不擦掉，在下面重新做出正确答案。

5. 告诉学生"草稿纸不要太草"

做数学题、写作文或答题往往需要用草稿纸。学生对草稿纸往往不太认真，急急忙忙，写得乱七八糟。教师对草稿纸也不检查，可不少学生错题往往就出在这个草稿上。由于草稿写得乱，往往计算出了问题，或草稿过乱，学生往作业上抄时抄错了。因此，管理好草稿纸是很重要的。草稿当然不能写得十分整齐，但也不能太草，要按顺序写，能认得出，万一抄错了还能找到草稿，这样就不必重新算起，而从草稿上就能发现问题，及时更正。草稿写得乱，表面看是省了时间，可实际上往往费了时间，如果草稿不乱，可以减少很多错误，有了错误也便于检查，这不等于赢得时间了吗？

现在，学校已开始重视草稿，升学考试卷子的边上专留有"草稿纸"，我们当老师的要教育学生重视草稿，不要把草稿写得乱七八糟，谁也认不得。

6. 教学生"认真审题，注意埋伏"

不少学生学习成绩不好，其实并不是不会，而是粗心。教师和家长都为这样的学生感到遗憾。于是让学生大量做题，以为做题多了学生就能熟练，就会克服粗心的毛病。可是题做得越多，错误也越多，马虎的问题不但没解决，反而更严重了。要解决粗心的问题，主要不在做题，而在审题。审题要审三遍：

（1）把题读懂，看看这题问的是什么，给了什么条件。

（2）要站在出题老师的角度看题，想一想老师为什么出这道题，这道题是考什么的，心里有数了，遇到可能出现的问题也就仔细了，这是克服粗心的好办法。

（3）要看看这题里有什么"埋伏"。教师出题往往出学生容易错的，容易混淆的，也就是说在题里打了"埋伏"，这个"埋伏"对于粗心的学生来说是大敌。如果学生每次做题都能仔细审题，看看可能有什么埋伏"，就不会"上当"了。认真审题还有一个好处，就是使学生平静下心来，克服急躁情绪。如果粗心的学生拿到题，不看也不想，三下五除二就算完，结果就可想而知了。总之，让学生认真审题，是克服粗心的好方法。

7. 教学生学会"解剖习题"

有些学生做题时求快，并未很好地分析题，就急急忙忙解答，忙中出错。有的还未真正理解题意，就按自己想像的去答，结果所答非所问。

家长要教育学生，拿到题目先不要急着答，先认真分析，把题"解剖"一下，看看题目给了什么条件，问的是什么，已知条件和问题有什么联系，哪些是间接的已知条件等。然后，再运用已学过的知识去解决。有些题只要认真分析就会发现，必须挖掘出潜在的条件，这个潜在条件是向结论过渡的关键。这就是我们平时说的分析法和综合法，把已知条件和问题一步步联系起来。中间这个关键的一步如果分析清楚了，问题往往就会迎刃而解。

分析题是解题的关键，如果不会分析题也就不会解题。无论文科还是理科，都要首先认真分析题，然后再做题。有些学生认为数学题应该分析，语文就不用了，其实不然。例如，作文题"我和我的妈妈"，有些学

生认为这还有什么分析的，就写妈妈呗，于是大写特写妈妈怎么怎么好。其实，这样的题重点并不是写妈妈，而应该写成我与妈妈的关系。所以拿到题要分析，"我和我的妈妈"这个题，应该写我，还得写妈妈，更重要的是"和"，即我与妈妈的关系，否则就写成"我的妈妈"了。分析的过程就是思维的过程，学生学会了分析就学会了思维，做作业就不困难了。

第五节 走出"差生"的阴影

"差生"，一般是指某方面表现不好或不够好，由于后天原因造成品德行为、学习成绩或心理倾向差的学生。实际上在教育教学工作中，"差生"这个词并不可取。把这个词强加在某些学生身上是不公平的。因为每个学生其实都具有巨大的发展潜能，他们犹如一座待开发的金矿，蕴藏无比，价值无比。尺有所短，寸有所长，每个人都有自己独特的地方。美是到处都有的，不是缺少美，而是缺少发现美的眼睛。作为教师，要承认学生间的个性差异，善于发掘学生的潜能，不但要使优秀生长足发展，更要为后进生创造转化的条件，帮助他们找到一把合适的钥匙，去打开每一座资源宝库。

爱因斯坦、爱迪生、丘吉尔、卡内基、沈从文、苏步青、三毛等，他们自小都不守规矩，桀骜不驯，野性十足；他们天生喜爱独立思考，我行我素；他们被老师称为"笨蛋"，受尽屈辱；他们被学校视为不可造就的"废品"，但他们偏偏得到历史的青睐，成为杰出人物。老师们可以经常拿这些优秀人物的例子给学生以鼓励，带他们走出"差生"的阴影，合理对自己进行定位，找到激发自己前进的自信心。一旦那些曾带着"差生"帽子的学生走出了"差生"的阴影，他们会发现一片更为宽阔的天地。在这片天地中，每一个孩子都可以海阔凭鱼跃，天高任鸟飞。

案例

改头换面

我班有个学生叫段奕飞。我刚接这个班时，他上课总是搞小动作，影

响别人学习；下课追逐打闹，喜欢动手动脚，还随便骂人；作业不做，天天给我们班扣分。总之，在老师和同学们眼中，他就是一个"差生"。于是，我决定找他谈话，希望能知错就改，老老实实上课，争取做一个同学喜欢、父母喜欢、老师喜欢的好孩子。谈话进行得很顺利，他也答应我改正以前的不良习惯，争取做一名"好学生"了。

可过了没多久，他又一如既往，我行我素，真是"屡教不改"。我感到很失望，或许他就是"朽木不可雕"。但是，教师的使命感告诉我，我不能放弃段奕飞，我要再次感化他。

这一次，我先找了他的家长谈话。对他的基本情况有所了解之后，我再次找到了他。谈话中，我了解到他心里十分怨恨自己的父母。我轻声问："你为什么会恨爸爸妈妈？"他不好意思地回答："因为他们常常批评我，从来不表扬我，还打我。"我顺着问："家长为什么会批评你，你知道吗？"他说："因为我不听他们话，没有按时完成作业，还糟蹋东西……""看来你已经认识了自己的错误，说明你是一个好孩子，但是，这还不够，你还要在实际行动上真正做出改变才是。""那我该怎么做呢？"段奕飞一脸困惑地问。我笑了笑，告诉他："其实，老师可以给你一大堆建议，但是，老师相信你会找到让自己进步的方法的。你可以找一个正面的参照标准，看看别人是怎么做的，然后和别人一样做就可以了。改变不良的习惯并不难，只要你有决心，能坚持下来，老师相信，你一定可以成功的。"段奕飞似懂非懂地点了点头，

为了助他一臂之力，我特意安排一个责任心强、学习成绩好、乐于助人、耐心细致的女同学和他做同桌。

随后的几个星期力，他无论是在纪律上，还是在学习上，都有了明显的进步。当他有一点进步时，我就及时给予表扬，激励他。还联系他的家长让家长也随时表扬他。他也逐渐端正了学习态度，明确了学习的目的，明白了做人的道理。在随后的其中考试，段奕飞竟然第一次使自己的各个科目都及格了。虽然他的成绩依然不是很好，分数依然不是很高，但是，这些进步对他来说却是来之不易的，更是弥足珍贵的。

案例分析：

当前，我国已基本实施九年制义务教育，任何适龄青少年都有接受九年义务教育的权利和义务。因此，不但不同地区、不同学校的学生水平参差不齐，而且同一地区、同一学校、同一班级的学生水平也存在较大差异。同时，我们的办学思想也正由应试教育向素质教育转变，我们需要的不再是个别尖子生，而是把所有的学生都培养成德才兼备的四有人才。因此转化差生、大面积提高教育教学质量是当前教育工作中的重中之重。在转化所谓的"差生"中，教师该怎么办呢？以下是几点建议，供教师朋友们参考：

1. 正确看待

俗话说："金无足赤，人无完人。"由于每个学生的家庭环境、社会环境、自身的心理品质和基础不同，他们在校的表现也就不一样。另外，学生的道德品质和学习成绩还会随着年龄的增长，外界因素的影响而变化。班内出现部分差生纯属必然，作为教师应正确看待这一点。

2. 深入实际，调查研究

差生形成的原因是多方面的。有的因纪律观念淡薄，有的因基础薄弱，有的因家教不当，有的因家庭生活困难，有的因学校教育不当，还有的受到社会上不良因素的影响。要转化差生，必须深入实际调查每一个差生形成的原因，根据每个差生的特点，因人因材施教，不能头疼医头，脚疼医脚。

3. 关心，体贴，平等相待

苏霍姆林斯基曾经说："教育技巧的全部奥秘也就在于如何爱护儿童"，"这是一股强大的力量，能在人身上树立起一切美好的东西"。如果教师爱护学生，关心学生，学生亲其师，就会信其道，才能效其行。差生在许多教师眼中是眼中钉、肉中刺，是绊脚石，他们遇到的总是老师的冷面孔，对老师敬而远之，对老师的要求认为可望而不可及；在同学面前差生总是抬不起头来，有自卑感。要转化差生，就必须关心他们，对他们和其他学生一律平等。遇到差生出现问题，教师不要轻易下结论，要尊重他们的人格，让他们感到集体的温暖、老师的信任。只有这样，差生才有可

能沿着老师的期望发展。

4. 培养兴趣, 树立信心, 适时补救

"热爱是最好的老师。"只有让差生对学习产生浓厚的兴趣, 有一种强烈渴求知识的愿望, 才会收到良好的教育效果。因此, 教师必须努力提高自身的业务素质, 授课生动有趣、通俗易懂, 让学生喜欢听, 乐于学。同时教师要常给学生介绍知识的重要作用, 给他们介绍古今中外大器晚成的人物事例, 让差生树起学好的信心。通过补课、讲座、组织"一帮一""手拉手"等活动使差生尽快赶上来。

5. 给差生提供表现的机会

有些教师课堂上不提问差生, 日常琐事不理睬差生。笔者认为: 学习、生活中对差生主动要求做的事, 教师要尽量满足他们, 让他们成为成功者, 享受一些成功者的喜悦。比如对他们降低难度提问, 让他们担任班干部, 让他们帮老师做些力所能及的事, 让他们担任课代表等, 这样就会使差生有自我表现的机会, 从而增强他们在各方面都进步的愿望。

6. 多表扬, 少批评

表扬的力量是无穷的。每个学生都希望得到老师、同学的信赖和赞扬, 差生也不例外。差生在转化过程中会犯老毛病, 这时, 教师的批评应把握分寸, 言语不要太刻薄。差生的转化需要一个由量变到质变的过程, 教师应循循善诱, 不要一棍子打死。在教育工作中密切注意差生的言行, 寻找差生的每一个闪光点, 适时适度地进行表扬, 有时一两句赞扬之词胜过一顿严厉的说教, 使他们记忆终生。

总之, 只要广大教育工作者、家庭、社会密切配合, 团结协作, 关心差生生活, 尊重差生人格, 与差生真诚相待, 共同探讨转化差生的规律和方法, 就一定能使差生踏上积极向上的人生轨道。

案例

他们曾经是"差生"

(一)

有一个人, 已经四五岁了, 还不大会说话, 经常一个人坐着, 很长时

间一句话也不说。他的父母很着急："难道他是低能儿，是个傻子？"父母为他请来了医生，然而却没有检查出任何毛病。

在常人眼里，他不是一个聪明的孩子。因为他不大会说，而且总是提出一些稀奇古怪的问题，让人觉得他有些低能、傻气，甚至让人怀疑他的智商是否有障碍。

到了学校，他依然显得十分木讷，动作迟缓呆笨。在班上，他的学习成绩很差，每次被老师叫起来背诵课文时，他呆头呆脑地竟然一句也念不出来。

中学时，他喜欢上了数学，而其他学科却引不起他的兴趣，成绩很差。不少老师看不惯他的这种学习态度，多次责备过他。

一次，他的父亲小心翼翼地问学校里的教导主任，自己的儿子将来可以从事什么职业。这位老师竟直言不讳地说："做什么都没有关系，你的儿子将会是一事无成。"这位老师认为他是一块朽木，已无雕刻的价值，勒令他退学。就这样，15岁那年他就失学了，连中学毕业证都没有拿到。

这个人就是举世闻名的诺贝尔物理奖获得者、大科学家爱因斯坦。

（二）

美国大发明家爱迪生小的时候，行为举止极为怪异。五岁那年，有一次，妈妈发现小爱迪生正蹲在鸡窝里，不禁疑惑地问他在做什么，爱迪生回答说自己在孵小鸡。

7岁时，他被妈妈送到了学校。从此，爱迪生每天都要端坐在教室听老师讲1加1等于2，或者说2等于1加1。但爱迪生喜欢在课堂上琢磨其他的事，比如他想：既然摩擦动物的毛可以生电，那么，如果把电线接在猫身上，再用力摩擦猫的毛是不是可以发电？

老师最烦上课时注意力不集中的学生，经常呵斥爱迪生。爱迪生的学习成绩成了全班倒数第一，更让老师恼怒的是，爱迪生还经常问一些令人难以回答的稀奇古怪的问题，例如他问："老师，为什么2加2等于4？"这个问题一下子难倒了老师，老师颇为生气，严厉地批评了他。然后，老师跟家长说这个学生跟不上学习，令家长将孩子赶紧领走。

就这样，爱迪生一生中惟一正规的教育结束了，只在学校读了三个月书。回家的路上，一直沉默不语的爱迪生对妈妈说了一句心里想了很久的话"妈妈，长大后我要成为世界上第一流的发明家！"

后来，爱迪生相继发明了电灯、电报、留声机、电影等，至今为止还没有人能打破他持有 1099 个发明专利权的记录，称人们称为"发明之王"。

案例分析：

所谓差生也就是后进生，一种表现为学习成绩差，一种表现为思想落后、行为习惯差；优生则相反，学习成绩优异，表现优秀；而介于优生和差生之间的则为中等生。由于中差生的种种表现欠佳而影响集体，作为人的正常心理反应，他们会不同程度受到师生的冷落、薄待甚至歧视，这样结果往往导致中差生更差。

而不容忽视的现实是：优生毕竟是凤毛麟角，中差生却是学生群体中的主体。教育学理论告诉我们，中小学教育的基本任务就是对少年儿童进行身心全面发展的基础性素质教育，也就是说，应属于为少年儿童身心两方面和谐、统一的发展，为他们学会怎样做人和进一步的学习与发展，全面地打基础的教育。素质教育主要的标志是教师面向全体学生，对学生进行全面发展的教育。由此看来，教育者如何对待中差生问题，中差生的境遇和状况如何，关系着我们教育者是否在全面育人，是否在实质性地进行素质教育。

素质教育不存在面向优生的问题（因为我们的绝大多数教师对优生都是关爱有加，无微不至），故而面向全体学生的实质和关键就在于面向中差生。大量事实说明：今天的"尖子"明天不一定仍然是"尖子"，今天的差生，不一定明天还是差生。更何况所谓"优生"与"差生"的评判标准本身就有局限性和片面性。比如许多在校的优生，在社会实践中不一定工作就很出色，而有一些所谓在校时的差生，倒还表现出了创造性。这说明：唯有坚持"面向全体"，特别是面向中差生才是切切实实的素质教育。

不是有人曾说：如果孩子天生就是优生，那教育还有什么功能？又谈

什么基础的素质教育呢？因而对占相对多数的中差生，我们更应变嫌弃为喜爱，变忽略为重视，变冷漠为关注，变薄待为厚爱。

寻找一下中差生的原因（排除弱智儿童），是多方面的，普遍的认为是学生的学习态度不端正，要求自己不严格。为什么会这样呢？客观的原因是少年儿童本身就有的个性所致。有些人为的因素，如由于犯错而遭老师严厉责问而自我调节力差产生厌烦情绪；或由于老师的误会蒙受过"不白之冤"产生心理失衡而产生自暴自弃和逆反心理；或由于家庭的副作用或面对社会阴暗面时缺少应有的正确引导而形成不良习性等。

对待中差生，首先应注意以下几点。

1. 用一分为二的眼光看待中差生：应该说任何学生都会同时存在优点（即积极因素）和缺点（消极因素），优生的优点是显而易见的，对差生则易于发现其缺点，而看不到优点，这种不正常的现象有碍学生进步。老师在教育过程中，要善于发现中差生的优点，捕捉中差生的闪光点，用"成功教育"激发他们的自信心。

2. 用发展的观点引导中差生：只要中差生的今天比他的昨天好，就是进步。即使不这样，也应相信他的明天会比今天好。现代社会，是一个用人特长的社会，只要你有一技之长，就一定会有用武之地。我们所谓的中差生，并不是什么都差，学习成绩差的有可能是体育尖子，习惯不好的有可能是音乐天才，做不来简单数学题的有可能是绘画能手。如果我们的教师能够加以引导和培养，他们就有可能成为明天的明星大腕儿。

3. 用长者的厚爱感化中差生：首先，我们教师应该和中差生一道寻找自己的优点和缺点，分析缺点出现的原因，以期发扬优点，克服缺点。其次，教师应有平常的心态——差生也是人，也是有情感的人，厌恶、责骂只能适得其反，他们应享有同其他学生同样的平等和民主，也应享受到优生在老师那儿得到的爱。再次，教师不仅作为一个教育者，还应该是一个长者，应该把爱洒向每一个受教育者，尤其是厚爱中差生，不能够只对优生情有独钟。厚爱差生，就要真正做到以情动人：一是"真诚"，即教师不应有丝毫虚伪与欺哄，一旦学生发现"有假"或者"做秀"，那么教师所做的一切都会被看作是在"演戏"。他们原来就缺少辨别能力，可能会

说："老师是说给我们听的，才不是那么回事。"结果是真的也变成假的了。二是"接受"，即能接受差生在学习过程中的各种心理表现和看法，如对学习的畏惧、犹豫、满足、冷漠，错误的想法和指责等，信任中差生，鼓励他们自由讨论。三是"理解"，即通过学生的眼睛看事物。如果在中差生身上做到真诚对他们，善意理解他们，高兴地接受他们，一定会促进中差生的进步和发展。正所谓外因通过内因起作用，教育者对中差生的厚爱定会使他们实现向"自我学习""自我管理"的转变。

第四章　掌握恰当的学习方法

　　有的学生没有掌握一套适合自己的学习方法，他们通宵达旦，极其用功，使得自己的脑力和体力都到了严重超支的状态，到头来却不得不承担事倍功半的悲惨结果。久而久之就会对学习产生畏难情绪，出现厌学倾向。

　　"工欲善其事，必先利其器"，将这个道理用在学习的问题上，"事"即学好、学有所成，"器"即一整套行之有效的学习方法。将死学转化为巧学，将事倍功半转化为事半功倍，将埋头苦读转化为劳逸结合的根本所在就是找到一套适合自己的学习方法。唯有掌握了一个好的武器，我们才能在学海驰骋中常立于不败之地。

第一节　帮助学生找到适合自己的学习方法

学习，是一个长期的过程，许多孩子在"学"不进去，学习成绩一落千丈时，家长往往责怪孩子笨。其实，只有不学的孩子，没有愚笨的孩子；只有不会学的孩子，没有学不会的孩子。对学生来说，最重要的不是一时的学习成绩，而是能否学会学习，掌握适合自己的有效的学习方法。

没有一种学习方法是万能的，只有适合学生的，才是最好的。不管学生现在的学习成绩如何不好，只要找到合适的解决方法，他就能学好。

掌握适合自己的学习方法，做起事情来能够事半功倍；相反，如果使用的是错误的、与自己特点不相符合的学习方法，做起事情来不免事半功倍。"工欲善其事，必先利其器"，帮学生找到一套为他们"量身定做"的学习方法，是帮助他们走出厌学困惑的首要之举。

学习方法是成功的必要因素，但并不是说有好的学习方法就一定会成功，好的方法还需要结合自身的努力，因为好的学习方法不可能在真空中习得，它是要结合具体学习内容来进行的。

下面，我们一起来梳理一下与学习方法相关的一系列问题吧。

1. 适用的学习方法是学习过程的副产品。

每个人在学习过程中都有其自己的方法，这些方法都是我们在学习过程中摸索出来的。所以在讨论学习方法之前，笔者必须要提出一个基本论点：适用的学习方法是我们在学习过程中不断摸索得来的，是我们学习过程中的副产品。

学习方法的好坏只能用我们的学习效果来判断。因为，学习方法只有运用于学习过程，有效地完成我们的学业才有价值。可能会有许多的人，

经常给别人指导学习方法，这些学习方法有的是他们自己摸索的结果，有的是他们从书上或者是从其他人那里学习来的方法。这些方法都是经验的总结。对于这些探索者来说，它们都是行之有效的，但对于其他的人来讲就不一定有效。这其中主要的原因是人与人之间的生理条件和性格不同，对学习的态度不同，学习的目的也有不同。所以对于别人的学习方法，我们一般只能以借鉴的态度去对待。

因为我们已经说明了学习方法是学习过程中的副产品，所以我们在探讨学习方法的时候必须要注重学习过程的研究。我们为了某个目的或兴趣进行学习，目的是为掌握一定的知识与技能。为了提高学习的效率，增进学习的效果，我们会不停地采用一些手段，这些手段在学习过程中我们可以广泛地称之为学习方法。在这个过程中我们不停地对我们方法进行总结，慢慢地就可以摸索出适合自己的方法。在这个过程中，决定要学习的内容，然后立即开始去学习，这种态度是我们所有学习方法的起点。现在有许多学生的成绩不理想不是他们的学习方法有问题，而是他们对他们所要学习什么不明确，或者明确了所要学习的内容后不立即以一种全力以赴的精神去开始他们的学习。

2. 兴趣是获取高效率学习方法的关键。

学习是为了掌握一定的知识的技能，学习的过程并不是一个科学可控的过程，其中对学习的感情、态度是影响学习最关键的因素。学生对其所学习的知识具有浓厚的兴趣，极大的热情，并有一种"我必须学好"或"我必须学会这些知识和技能"的决心，那么，他们在这种心理的驱使下将会不分昼夜，锲而不舍，直到掌握这些知识和技能为止。在这个过程中，最重要的是必须要使其本人满意，而不是为了其他的目的。为了达到这个目标，学生会主动寻找各种各样的学习方法，合适的学习方法会有十几种甚至几十种，但适用于他掌握知识、技能的方法可能只有几种。他们便会一直找到其中的一种为止。在下一次的学习过程中，学生会继续寻找更好的方法，可能比别人探索出来的方法更好、更适合他们自己。

可能有的同学会说："我可能对学习某种东西不十分感兴趣，只是由于无可奈何的原因去学习的，而我也不可能会为不感兴趣的东西去探索什

么学习方法。"其实，这种态度是错误的。每一个人的生命是有限的，在一个人的一生中真正属于自己的时间很少，而且一个人在人生中肯定有他最感兴趣的东西。如果在他一生中没有任何东西能够吸引他，那么，他的一生也就白过了。为了过得让自己满意，他必须把在他一生中不感兴趣而又必须学习的东西尽快学会，尽可能高效的学会。这样他才会有更多时间从事感趣的事情。所以对不太感受兴趣的东西但又必须学习的东西，他也应该去探索让人满意的方式和方法给予解决，以争取早日脱离"苦海"，尽快进入兴趣的海洋尽情遨游。

综上所说，在学习过程中，最基本的而关键的因素就是学生对学习生活的感情、态度，对自己的兴趣、理想的追求。如果他不是以一种积极的进取的态度，而是以一种消极的态度去牛活、学习，任何学习方法对他都没有多大价值，也不可能给他带来高效率。如果他以一种积极的进取的态度去生活、去学习，并且对某种事物倾注了感情，在学习和生活过程中，他会去探索、创造学习方法，而且这些学习方法只不过是他孜孜不倦学习的副产品。

3. 探索学习方法要考虑多种因素。

（1）身心状态的调节是高效学习方法首先要考虑的因素。

当我们完全沉浸在某个事物的时候，我们的注意力是高度集中的，同时我们身体的各个部位都会不知不觉中围绕这个事物进行运动。脑、手，脚、躯体……都会以不同的形式体现出我们的这种状态，同时这种运动以会加深我们对那个事物的印象。所以我们在摸索学习方法的时候，首先要考虑的是这种方法要有利于我们集中注意力，使我们能够富有热情并很快地进入学习状态。其实，我们可以把这个过程称为"调心"。

因为，手脚身体的动作对我们注意力的集中有影响，同时这些动作可以加强我们的记忆和理解。所以在学习的时候，我们可以利用它们来提高学习效率和效果。如，我们在记忆所学的东西的时候口里说、手中写、眼睛看、脑子想……这肯定会加强我们的记忆。这可以称之为"调身"。

（2）知识在大脑中的记忆规律是影响学习效果的重要的因素。

在学习过程中，知识的记忆是十分重要的，也是理解和运用知识的基

础。学习过的知识在大脑中的记忆是有一定规律的，所以我们的学习方法要结合大脑的记忆规律才会是高效的。

首先，大脑分为右脑和左脑，右脑主理性思维，左脑主形象思维。我们在学习过程中，用得最多的左脑，而往往忽视右脑的作用。其实，我们在学习过程中适当地利用图形、音乐、实物等刺激右脑，使左脑和右脑同时工作，可以增强记忆，加强印象。如我们可以用结构图示法来表示知识的框架，用流程图表示事物的发展过程等。

其次，知识在大脑中停留有独特的规律。我们利用这一规律进行学习可以收到事半功倍的效果。

（3）知识的内在逻辑要求我们在学习时注重整体与部分的关系。

在学习过程中我们提倡有目的的学习，学习者应要大体把握住学习的进程。这就要求学习者开始时要对所学知识的整体有一个大致的了解，了解所学知识的基本结构，在这个过程中我们才会处于主动位置。有人曾说起过他的学习方法中有这样一项：他读一本书时，先学目录和内容提要，了解知识的大致内容，然后再开始从头学习各个组成部分，并在学习过程中要求自己把书本读"厚"，读完后他以要求自己把书本读"薄"。厚使他对书本的各个部分有了详细的了解，薄使他对书本的整体和主旨有了更深刻的认识。

（4）学习方法的选择要考虑学生的性格特点。

学生自身的性格会对他的学习方法造成影响。如果学习方法能很好地适应于一个学生的性格，那么他的学习效率一般较高。反之，如果一个学生使自己的性格迁就他的学习方法，可能会造成不良后果。有一个文静的学生知道所学知识经过大脑反复回忆的重要性，他看完一段内容后就伏在桌子上把刚才和最近所学的知识回忆一遍，记忆不起来的再进行温习。这种方法对于好动的学生来讲可能就不是很适用了。

（5）学习方法的确定要注意学与练的关系。

我们学习了某些知识与技能后，要注意在练习中巩固它。虽然学生与社会接触较少，在实践中运用知识、技能的机会也较少，但我们可以通过做较多的练习来代替实践。我们的教材大都配有习题集，学生能自觉地多

做练习对掌握与巩固知识和技能有极大的帮助。如果学习了有关内容后就进行练习,相信学生对内容的理解会达到一个新的层次。

(6) 正确处理教师与学生的关系。

在学习过程中,学生离不开教师的指导。但是学生要明白一点,教师只是大家学习的引路人,在适当的时候为学生解除学习上的疑难,并指出学生所处的状态,控制一个班大多数人学习的进度。学习成绩好坏更多的取决于学生自己,明白了这一点后,学生更应注重自己本身的学习主动性,一个成绩好的学生应在教师教导下把握自己学习的进程。这样学生就不会再在学习上出现被动,教师的教学就只变为学习过程中的一个重要环节。也就是说,教师是学生学习开始的"拐杖",而不是学生学习的全部。每一个教师最高兴的是看到自己的学生不再需要他的教育就可以在知识的领域中自由飞翔。

案例

好方法,高效率

孟老师的儿子上小学一年级,只要做试卷就会漏做题目。怎样让儿子自己检查出这些"漏洞"呢?孟老师这样对他儿子说:"现在我任命你为小小检察官,负责帮我检查一下你这张数学试卷是否有忘记做的题和做错的题,你愿意吗?"孩子一听要当检察官,非常高兴。接过试卷就开始看起来,他一会儿看看上面,一会儿看看下面,一会儿又翻来翻去正面反面地看。由于没有条理,他根本就不知道自己检查了哪里,没有检查哪里。在五分钟的翻来覆去之后,他汇报说:"爸爸,我检查完了,没有问题。"孟老师又说:"好啊,谢谢你,这么快就检查完了。现在还有一张试卷,你再帮我检查,但这次你要按我的指令检查,好吗?"他愉快地点头答应了。孟老师一本正经地对儿子说:"检察官先生,现在请你检查第一题!"儿子听后赶紧把目光集中在第一题上,很快发现其中的一个填空没写。孟老师大加赞赏他的认真细致,然后说:"现在开始检查第二题!"这样一道题一道题检查下去,孩子找出了其中的所有"漏洞"。为什么前后会有这么大的差别呢?这就在于,第二次,孟老师告诉了儿子一些有效检查的

方法：

1. 逐步检查法。就是从审题开始，一步一步地检查，发现问题及时更正。这种方法往往不能发现在做题思路上的根本性错误，但可以检查出计算和表达上的一些错误。

2. 重做法。做作业发现的错误，可以重做一遍，将两次答案加以对照，看看是否一样，如果不一样，再分析一下原因是什么，对于修改较多的题目，也可以重做一下。或者是把之前的答案捂住，在心中再算一遍，或者用"挑刺"的态度看看自己的答案有没有错误。

3. 代入法。把计算结果代入公式，看看是否合理。例如，我们做除法练习的作业，得到的商就可以和除数相乘，看看结果是否等于被除数，如果相等则是正确的，若不相等就应当进行检查，看看什么地方出了差错。

案例分析：

孟老师引导自己的孩子自我改错，在儿子尝试了一遍以后，他又提供了恰当的改错方法，使得孩子能够发现之前所没有发现的错误。这次经历，对孟老师的孩子来说，他不仅体验了良好的学习方法对于提高学习效率的重要性，同时，他也会受到一定的刺激，即产生一种掌握一套行之有效的学习方法的冲动。

改错只是学习的一个组成部分，恰当的改错方法，让学习的这一环节效率倍增。那么，恰当的学习方法，则会使整个学习的过程变得轻松许多，高效许多。如何帮助学生找到适合自己的学习方法呢？以下一些建议供教师朋友们参考：

1. 必须要有耐心，情绪稳定

因为学习方法的问题是基础性的、根本性的问题，想要一下子纠正过来是不现实的，也是不可能的。因此，老师要引导学生耐得住性子，允许自己正在犯着的和还将重犯的错误。有错误是正常，在不适合自己的学习方法中挣扎也是正常的，学生要容忍自己的犯错，并给自己以改正的空间和耐心。

2. 教师应该和孩子进行诚恳沟通

交谈时，教师应该对学生抱着真诚关心和宽容体谅的态度，试着理解学生在学习上遇到的困难和挫折。教师只有放下架子，给学生发泄的机会，将心比心地为学生考虑，学生才会打开信任的大门，将自己的苦恼说出来。在此基础上，老师才有可能"对症下药"，针对学生的问题采取有针对性的补救措施和建议方法。

有的老师向来在学生面前摆出一副严厉冷峻的面孔，使得学生敬而远之，更别说在老师面前畅所欲言了。这样做的结果，仅会让学生将自己解决不了的困惑深藏于心中，继续焦灼在一条不适合自己的学习路子上。老师也只能凭自己的主观猜测给学生提供所谓的帮助，到头来，老师才发现，学生的真正问题并不是他先前所臆测的那样，而他给学生提供的帮助，其实并不对路，对学生根本起不到积极的作用。

3. 帮学生制订学习计划

学习计划包括长期计划和短期计划两种。长期计划以一学期为宜，从总体上对各学科的学习作出全面的安排。短期计划以一周为宜，对本周内每天的学习内容、学习目的、保障措施和作息时间作出详细具体的安排。有了清晰的学习计划，学生会主动地寻找完成这些计划的方法，他们会调动自己的主观积极性，借鉴优秀的经验，找到最适合自己的一系列方法。在这个过程中，老师只需要帮学生把握住大的方向，确保学生在正确的道路上，至于具体的招数，应该交给学生自己，毕竟，只有他们最熟悉自己的优劣之处和兴趣所在。

4. 交给学生正确预习的方法

预习也叫超前学习。预习既是有效的学习方法，也是良好的学习习惯。预习的方法是对第二天教师要讲授的内容认真阅读，仔细思考，把新的知识和以往学过的知识联系起来，看看哪些懂了会了，哪些不懂不会，从而明确听课的重点、难点和疑点，克服课堂学习过程中的被动性和盲目性。

5. 学会听课的方法

（1）认真听。要聚精会神地听讲，充分理解教师讲课的内容及其表达方式的含义，如节奏的快慢、声音的高低等。

（2）注意看。要全神贯注地注视教师板书的内容，对教师用彩色粉笔标记的部分、用电化教具突出演示的部分尤其要仔细观察，认真领会和重点记忆。

（3）多动脑。要积极思考，要边听、边看、边思考，要与教师讲课的进程保持同步，要多问几个为什么，要把新旧知识联系起来思考，做到融会贯通，举一反三。

（4）主动练。在课堂上要大胆发言，勤学多练，从而加深理解，提高听课效果。

（5）做笔记。对教师讲课中的要点、难点都要简明扼要地写在笔记上，以备课后复习。

（6）善归纳。对教师课堂讲授的内容，要抓住纲目，归纳要点，力求当堂理解。

6. 学会复习的方法

（1）回顾教师课堂讲授的内容及其过程，目的是弄清哪些完全理解了，哪些没有理解，使进一步的复习具有鲜明的针对性和目的性。

（2）复习课本，目的在于深化。

第二节　激发学生带着问题去学习

有一位物理学家获了诺贝尔奖，记者问他：在获得成功的路上，谁对您影响最大？他说母亲。记者说：据我了解，您的母亲没有什么文化，她怎么会对您产生影响呢？他说，在他小的时候，每天从学校回来，他的母亲都要问他："你今天给老师提了几个问题？"

"学起于思，思起于疑"，思维往往是从问题开始的。爱因斯坦说："提出问题往往比解决问题更重要。"善于提出问题或发现问题是学生自主学习与主动探求知识的生动表现，是教师教导学生的重要依据。在质疑状态下的学生求知欲强，学生主动地参与到学习中去，学习兴趣高，学习效率高。学生质疑的同时，能大胆地对问题提出不同的见解，不但培养他们发现问题的能力，而且也培养他们的创新能力。因此，教师应注重学生小到对课题、遣词造句的质疑，大到联系课文前后内容探究篇章结构方面的质疑。

法国作家巴尔扎克说过："打开一切科学的钥匙都毫无异议是问号；我们大部分的伟大发现都应该归于'如何'；而生活的智慧大概就在于逢事都问个'为什么'。""提出问题"这把钥匙何其重要，而"无知"和"求知"就是打制这两把钥匙的材料、资源和动力。没有它们，怎么可能会有所发现、有所创新，又何谈发展科技、振兴中华呢？最完美的传承学习不过是过去的复制品。知识在这日新月异的新世界，它不仅是目的，更是一种手段，它将引导人类探索更新的知识，开拓一片更新的科学领地。

案例

教师坦言

　　这个学期又教七班，但我发现七班学生不爱问问题，讲课过程提问的没有，下课提问的没有，到办公室来问的更没有。这到底为什么呢？从我自身的角度分析，不外乎两种情况：一是我讲得太差，学生没听明白不知道该问什么；二是学生都懂了不需要问。那么到底什么原因导致学生不爱问问题呢？下面从网上搜罗同行们的意见，取其精华去其糟粕，整理如下。

　　现在的学生无外乎四种：第一种，知道自己什么也不会，不敢去问，生怕老师反问自己，久而久之，也就懒得去问了；第二种，自以为什么都会，没什么好问的，实际上还真不知道该问些什么；第三种，有会的也有不会的，但不敢什么都问，怕问多了别人笑话自己笨，只好挑一两个问；第四种，是聪明过人的，会的很多，要问的自然也就相对较少。不爱问的学生并非不爱思考问题，他们一旦问，就一定是思考了很久没有解决的问题，让老师也要思索良久；也不是喜欢问的学生成绩就一定非常好，关健是要老师耐心诱导，增加思考量，内化成学生自身的思维品质。

　　中国的课堂可能都是这样子，更多的可能是我们骨子里传统的"中庸之道"在起作用，大家都想，我就做一个"比上不足，比下有余"的吧，没有形成一个好的学习氛围。

　　现在的学生越来越不重视基础知识的学习，对学术上的问题也不求甚解，即便有问题也懒得问。

　　针对这些现状，我们可以这样做：

　　1. 经常鼓励学生问，告诉他们一定要问的理由，即合理地利用老师方面的教育资源；

　　2. 想做学问，就应该搞清楚你遇到的问题；

　　3. 多次同样犯错误，就应该与老师讨论讨论，发现自己存在的问题；

　　4. 对有些模糊认识，或者即使完成了，仍感觉不爽的问题，让老师告诉你为什么；

　　5. 哪怕你对问题只有初步认识和猜想，说给老师听听，也许老师有他

独到的见解；

6. 是一次与老师沟通交流的机会，分享与老师一起解决问题的快乐；

7. 学会欣赏老师的智慧；

8. 经常到老师办公室，有助于与其它学科老师的交流；

9. 除学习上的问题外，还可以与老师在更大的范围和领域交流。

案例分析：

问题是创新之源，疑问是创新之母。引导学生勤于发问，善于发问，是每一个教师应该重视的问题。然而，事实上，很多学生都没有质疑的习惯，不会频繁地提问，更不会巧妙地提问。综合学生不爱提问题的原因，主要有以下几点：

1. 课堂教学不够开放，教学观念还不够解放，再加上应试教育的影响，在教学中传授给学生的是准确无疑的知识，为了把知识讲透，往往在课堂上占去大部分时间，教师苦口婆心地进行讲授，学生还有什么问题好问。

2. 学生对老师的崇拜，对书本的崇拜，在他们眼里，老师、书本都是不可能有错的，因此，他们从来没有想过对老师的讲解、书本上的内容提出疑问。

3. 成绩差点的学生，他们不懂的时候多数会问同学，不会找老师。因为老师离他们远，而且他们觉得老师只偏爱那些优秀的学生。从内心对老师是抵触的，甚至他们当中有些人已经放弃的学习。

4. 优秀的学生，他们一般不会提问，因为好多时候他们能够自己解决问题。就算是不会的题，通过对答案也可以领悟。而且，他们往往比较自信，相信自己的能力，不到万不得已是不会找老师的。比较可笑的是，优秀生们往往有点互相瞧不起，有时会把问老师当成是自己水平不行而会被其他优秀生看扁。

5. 性格问题，有些同学的性格不是很开朗，老师不够亲善的话，一般他们是不敢提问的，只找自己熟悉的同学问，或者干脆不问了。

6. 教师方面的问题。第一，教师跟同学们的课余时间接触不多，并不

是每个同学都敢去办公室那里问的。或者说，好多同学都没有这个胆量直接去办公室提问。第二，老师的态度不友好，提问时老师的回答不友好会让学生产生恐惧，以后都不会再问了。第三，过度热情的老师也会让学生产生不好的感觉。有些老师老是说有什么不懂就问，说得学生会产生烦闷，觉得老师矫情。老师说得多了成了习惯也成了随口而谈，没有什么诚意，学生也不当一回事。

教师朋友们不妨从以下几点着手：

1. 要有热烈浓厚的课堂气氛。

2. 教师的教学方法灵活多样，能引起学生的兴趣。教师把学生要学习的内容巧妙地转化为问题情境。

3. 多表扬敢于提问的学生，激发其他学生提问的欲望。

4. 以谈话、谈论的方式教学。

5. 留给学生充足的思考时间并具体说明提问题的范围。

6. 老师对学生提出的问题很欣赏，并耐心地倾听，使用交流合作的方式，有意识地培养学生提问的技能和技巧。

7. 教师和蔼可亲，循循善诱。师生之间有信任感，关系融洽。

案例

从"白痴"到物理学家

爱因斯坦小的时候，并不是一个天资聪颖的孩子，当别人家的孩子都开始学说话的时候，已经三岁的爱因斯坦才"呀呀"学语。当比他小两岁的妹妹都已经能和邻居交谈了，爱因斯坦说起话来却还是支支吾吾、前言不搭后语，被一些邻居认为是白痴。但是，担任电机工程师的父亲，却没有对儿子失去信心，他想方设法地让爱因斯坦发展智力。父亲为儿子买来积木，教他搭房子。小爱因斯坦每搭了一层，父亲便表扬和鼓励一次。在这种激励下，爱因斯坦第一次搭到了十四层。

爱因斯坦长到六岁的时候，语言能力仍然很差。一天到晚也说不了几句话，七岁的时候，父母把他送到学校，学校死板的教学让他提不起精神，常常不能按时完成作业，老师们都认为这个学生是一个傻瓜。但是，父亲却鼓

励爱因斯坦："我觉得你并不笨，别人会做的，你虽然做得一般，却并不比他们差多少。但是，你会做的事情，他们却一点都不会做。你表现得没有他们好，是因为你的思维和他们不一样，我相信你一定会在某一方面比任何人都做得好。"父亲的鼓励，使爱因斯坦振作起来。

爱因斯坦的母亲贤惠能干、文化修养极高，她对自己的儿子百般呵护和鼓励。爱因斯坦小时候常常爱提出一些怪问题。如指南针为什么总是指向南方？什么是时间？什么是空间？别人都以为他是个傻孩子。可是，爱因斯坦的母亲却十分自信地认为："我的小爱因斯坦并不傻，他将来一定是位了不起的大学论坛教授！"

就这样，在父母的鼓励和爱护下，爱因斯坦的智力迅速发展，对科学产生了强烈的爱好，并开始走向科学研究的巅峰之路。

案例分析：

学生在某些方面表现出来的特殊兴趣，与学生的性格特征关系密切。这种比较稳定的人格品质，对人的职业准备具有明显的导向意义。在这些兴趣的指引下，学生会自觉带着问题去深入挖掘问题的实质，去学习相关的知识。作为老师，必须深入了解每一个学生这种持久、明确的趋向性人格品质，尊重它，维护它，引导它。

奥地利动物学家乔伊·亚当森从小喜欢动物，小时在自家园子里专心致志地研究野生动物。1931 年她到东非旅行，肯尼亚辽阔无边的热带原始雨林风貌和其中的珍禽异兽吸引了她。强烈的探索兴趣使她放弃了本国优雅舒适的生活，从此过上了与热带丛林动植物为伍的日子，这一过就是 43 年。凭着深厚的素材积累与传奇的科研生涯，她的《野生的爱尔莎》一书震惊了全世界。米丘林凭着对园艺学的浓厚兴趣，60 多年中在田间地头持续不断地研究设计了上千种方案，做了上万次实验，为人类改良和创新了 300 多种果树品种，成为人类园艺史上最著名的园艺家。兴趣往往能造就天才。

那么，教师该如何尊重学生的特点与兴趣，然后帮助学生养成有疑而问的习惯呢？

1. 尊重情感，使学生有"疑"敢"问"。

马斯洛健康心理学告诉我们："任何一个健康人心里都有一些需要，当满足了基本需要，一个更高的需要才得以出现。"学生有着无穷的想象力，充满探索世界的好奇心。应该说，课堂上学生发言的积极性是老师培养的。要学生发挥探索精神，就要保护他们的这种可贵精神。欢迎学生提问，不因他们的问题幼稚可笑或不合时宜而呵斥。消除孩子的心理负担，积极鼓励表扬。因此，课堂上教师必须创设一种互相尊重、理解、宽容、和谐的学习气氛，把微笑带进课堂，用真诚亲切的微笑，和蔼可亲的教态，饱满的精神，良好的情绪，不断加强师生间的情感交流。例如教《峨眉道上》时，有位学生问：峨眉山路有什么特点？老师就让全班同学为他的敢于提问进行热烈的鼓掌，并请其他同学帮其解决问题。这位学生见自己一炮打红，自然洋洋得意，他学习的自信风帆高高扬起。

2. 授其方法，使学生有"疑"善"问"。

学生兴趣激发后，往往会产生极大的热情，思维也进一步活跃。但有时由于方法不对或方向不正确，使得提出的问题价值不大，甚至可能为了提问而提问。因此，教师应要求学生把问题问正确，提出的问题要鲜明，指向准确。并教给质疑的方法，提高问题质量，问对问好。

（1）对预习提示进行质疑。现行教材大多都有预习提示，这对学生学好课文有很大的帮助。让学生在预习中充分寻找有疑惑的地方，鼓励学生在预习中多问几个为什么，这有利于学生深入理解课文。让学生自学前明确要求，并在阅读时用铅笔在有疑、难的地方提出问题，也可以写在预习本上。

（2）对课题进行质疑。

俗话说，题好文一半。要使学生自主学习，对于课题的质疑必不可少，更要养成习惯，经常推敲进行研究，寻找规律，从而把握文章中心和结构。如教学《和时间赛跑》老师首先引导学生在课题处质疑："和时间赛跑是什么意思？为什么要和时间赛跑？它是怎样和时间赛跑的？"教师因势利导，让学生进行合作，积极研究，各抒己见。最终，学生理解了文中所表达的思想感情。

（3）对重点词句进行质疑。

在初读课文阶段要求学生提出不理解的词句，而在精读课文时则要求学生对重点词句进行质疑，尤其是那些与中心紧密相关的词句。如教《小珊迪》，老师直接引导学生读课文最后一句话"谁读了这个故事也不能不被小珊迪那美好的品质所感动"。一个学生读后产生疑问："小珊迪是个什么样的人？他什么美好的品质让人家不能不被感动？"这个问题贯穿了文章的线索，起到了画龙点睛之作用，为学习课文奠定了良好的基础。

（4）对文中貌似矛盾的内容进行质疑。

语文教材中常有看似矛盾实是精彩之笔的描写，在阅读过程中找出这些矛盾之处，并加以质疑，能更深入地理解课文。在教《趵突泉》这一课时，有位学生在自学中对"假如没有趵突泉，济南会失去它一半的美"时，提出质疑："济南有三大名胜，为什么说没有趵突泉，济南会失去它一半的美呢？应该是三分之一呀！"针对这个问题，老师因势利导，让学生进行合作，积极研究，各抒己见。有的说趵突泉太美了，就应该占一半；有的说既然是三大名胜就应该是三分之一，因为它们各有各的作用。通过讨论，明确了趵突泉在济南这个泉城中的地位。学生的思考从浅薄一步步走向深刻。可见，对矛盾处进行质疑是解决问题的不竭动力。

此外，还有多种质疑方法，像对重点词，语句重复处，打比方处……要求学生提有价值，有思考性的问题，值得分析、推敲甚至触及中心的问题。不仅仅问词的意思（求解释），更要问为什么用这个词、这个段（探究性）。从浅显的表层的疑问间向较深层次的探究。

3. 扩展空间，使学生有"疑"必"问"。

学生在课堂上和课文中所学到的知识是十分有限，课本以内的生活，是我们语文学习的广阔天地，它是求异思维能力培养的源头活水，作为教师应引导学生由课内延伸到博大的知识领域里，开阔视野，丰富知识。只有重视课内外结合，才能为学生的认知活动、语言活动、思维活动、情感活动，提供取之不尽、用之不竭的丰富源泉。这样学生的求知欲就更加强烈了，于是也就更加好问了。

学习《太阳》一课，当学到太阳的三大特点——远、大、热时，学生

提出"如果太阳消失了，地球将会怎样？"这个有价值的问题，单凭课文内容是难以解决的。于是老师以此为契机，引导学生课后自己去查阅资料，进一步丰富教材内容，解决疑难。一石激起千层浪，学生满怀探求之心埋头读文，纷纷开始了主动而积极地阅读实践活动，第二节课，他们竞相上讲台！把从《少儿百科全书》、《十万个为什么》等书中查阅到有关资料，给同学们做了生动、有趣的介绍，这样，主动地获得了远比教师讲授要来得深刻的知识，而这一知识正是来自于课堂上浓彩重墨的自主学习活动。

"学起于思，思源于疑"。质疑可以使教师的教学更有的放矢，可以引导学生深入理解课文，可以促进学生主动探究，敏于发现，可以激活学生的思维。越是敢于质疑的学生，其主体作用越能得到充分的发挥。培养学生提问题是素质教育的一个主要方面，善不善于提出和思考问题，在很大程度上检验一个人是否具有创造才能的重要尺度。作为教师，应该指导学生"学问"，教学生怎样问，在怎样思考分析问题上下功夫。应该鼓励学生不要囿于现有答案，而要多方位独立思考，大胆提问，大胆质疑。哪怕学生的问题稀奇古怪，不着边际，也不要一味地指责和批评。应循循善诱，逐步教会他们提出问题和思考问题的方法，逐渐培养和提高他们创造性思维的能力。

实践证明：只要启发得当，学生是能够抓住课文的重点和难点提出问题的，让学生自己发现问题，比教师主观设计大大小小的问题，更能激发学生学习的主动性和积极性。更重要的是，它从根本上改变学生等待老师传授知识，消除学生学习上的依赖心理，使学生成为主动探索者，把学习的潜力充分发掘出来。正如叶圣陶所说："上课之时主动求知，主动练，不徒坐听老师之讲说。"只有让学生靠自己的能力去学习，自主学习，进而才能学会生存，形成独立自尊的健全人格。

第三节　提高记忆力

记忆力是识记、保持、再认识和重现客观事物所反映的内容和经验的能力。培根说过："一切知识只不过是记忆。"所有人都告诉你要记住这个记住那个，可是却没有人告诉你如何记住。

现在的学生，群体学习压力大，要记住的东西多，记不住怎么办？记得慢怎么办？记不牢怎么办？在这么多困惑面前，一个个孩子愁眉紧锁、摇头叹息。针对记忆力的改善和提高这个问题，教师应该怎么做呢？从哪里下手？采用什么样的方法？

案例

过目不忘

大凡看过金庸小说的人也许都会对黄蓉的母亲过目不忘的本领大为惊叹。古代也有不少类似的传说：《晋书符融传》称，符融"耳闻则诵，过目不忘"；建安七子之一王粲，与人同路，遇到"道碑"，见过之后，竟能"背而诵之，一字不失"。现在也有些人能够背字典，背圆周率小数点后的1000多位等。可是，我们很多人却不能做到这些。平时，我们在学校及书本上学习到的东西或所见所闻的事物，过后是难以完整地回忆出来的。当我们学习各种知识时，即使是当天学的，到第二天早晨，也只能回忆出所学内容的一部分。由此，人们往往认为脑的记忆容量是有限的，记忆的信息达到某种程度后，就像杯中之水要外溢那样，不能再接受更多的信息了。有的人则认为："我的脑子不灵，没办法。"以为自己脑子的记忆量少是理所当然的。

可事实上，我们人脑只开发出了不到5%。根据从事多年记忆研究的劳金茨科克教授的论断，即使我们的脑在每秒钟永不停止地接受10个新的信息，也仍然还有记忆其他信息的余地，吃得过多再也吃不下的情况在我们大脑中是不存在的。我们的大脑还有95%以上的潜力没有挖掘出来。所以，记忆力不是天生的，那些有"神奇"记忆力的人乃是巧妙地吸收了人类心理学、脑生理学等各种学科的知识，并经过训练的结果。换言之，我们每个人都可以有很强的记忆力。关键在于记忆的方法，如何才能提高记忆的效果。

案例分析：

1. 记忆要从心平气和开始。大脑在平静状态时能中断与过去的联系，最容易容纳新的信息。所以，每当学习记忆一个东西时，建议他们首先要使自己放松下来，等心平气和后再去记忆，可提高功效。

2. 大脑不能过度疲劳。大脑疲劳是大脑细胞活动过度引起的。此时，不论人怎样努力，脑细胞的活动能力也要降低，记忆力随之下降。在这种状态勉强工作，久而久之会降低大脑的兴奋程度。因此，每当学生感到大脑疲惫时，就应该休息片刻，让大脑得到充分休息，使记忆经常处于最佳工作状态。

3. 必不可少的自信心。日本著名心理学家多湖辉先生和南博先生一致认为，记忆时最重要的是要有"一定得记住"这种自信心，否则老觉得自己的记忆力不好，在学习或工作时，精神不振，情绪不高，造成记忆力下降。反之，自信心可以使人精神旺盛，情绪高涨，脑细胞的活动能力大大加强，记忆力相应大大提高。

4. 找出适合于学生自身特点的记忆办法。每个人在不同的时间、环境、动作、方式下记忆效果大不相同，例如有人早晨记忆力好，有人晚上记忆力好；有人边走边记忆效果好，有人在安静环境下记忆好。因此，每个人都应该在实践中找出自己记忆的"黄金时间"。

5. 培养对记忆对象的兴趣。记忆力与兴趣关系密切。兴趣是增强脑细胞活动能力的动力。例如球迷在看一场精彩的球赛时，能毫不费力地记住

比赛中的每个精彩场面，而情节生动的小说也会使读者久久不忘，所以，兴趣是记忆力的促进剂。

6. 强烈的动机可以促进记忆。动机是记忆的原动力，动机越强烈，记忆力就越强。例如两个人乘车去一处两个人都没去过的地方，开车的人去一次就能清楚地记住车走过的路线，而坐车的人则往往记不住。可见，强烈的欲望可以提高记忆的效率。

7. 要与愉快的事情相连。愉快的事物使人消除枯燥感，对记忆产生兴趣。记忆时，把要记忆的枯燥信号与愉快的事物相联系，枯燥便可化为兴趣，同时提高记忆效率。

8. 刺激可以使脑细胞得到锻炼。为什么许多大政治家、企业家年过古稀大脑仍十分敏锐，而有些人不到 40 岁大脑就不灵了呢？经过对两组老鼠的对比试验可以看出，人和动物物只有在不断接受刺激的环境下生活，大脑才能不断得到锻炼，长时间保持年青敏锐，否则定会未老先衰。

9. 细致的观察能够帮助记忆。细致的观察在于了解被记忆对象的本质特征和细节，这对记忆大有好处。要学游泳，坐在家中看关于游泳练习方法的书，不如到游泳池去看别人游学的快，因为游泳池给了你细致观察游泳动作的机会。

10. 学习物理公式时，只要是理解了公式的含义和推理过程，公式就自然而然地印在你的大脑中了。这就是因为理解使记忆变得容易了。

案例

天才的记忆力

（一）

我国著名数学家吴文俊教授，整天忙于研究数学，就连自己的生日都记不得。一天，一位客人来拜访他，见面就说："听您夫人讲，今天是您的 60 大寿，特来表示祝贺！"

吴教授听了，若无其事地说："噢，是吗？我倒忘记了！"

客人感到迷惑不解，心想："这位数学家恐怕是老糊涂了，不然怎么连自己的生日都忘了呢？"可是，后来客人发现并非如此，当他俩谈到吴教授所研究的用机器证明几何问题时，客人指着教授所设计的一台机器问

道："这台机器是什么时候安装好的？"

"去年 12 月 6 日。"教授不假思索地回答。

"您在研究用机器证明几何问题方面有哪些进展？"客人又问。

"大的进展谈不上。今年 1 月 11 日以前，我为计算机编了 300 多道'命令'的程序，完成了第一步准备工作。"教授继续回答。

这时，客人十分惊讶地问道："吴教授，您自己的生日都记不住，但这几个日子却记得很清楚，这是什么原因？"

吴教授爽朗地笑了："我从来不记那些无意义的数字。在我看来，生日，早一天，晚一天，有什么要紧？所以，我的生日，爱人的生日，孩子们的生日，我一概不记，但是有些数字就非记不可，也很容易记。例如，年底，当然是 12 月；而 6 正好是 12 的一半。年初，自然是 1 月，而 1 月 11 日，排成阿拉伯数字是 111，三个 1 连排，很好记。"

（二）

爱因斯坦的电话号码是 24361。别人问他怎样记住这个数据的，他回答说："两打，再加上 19 的平方。"

（三）

波修（1730～1814）是一本著名的数学和流体力学教程的编写者，他的一位朋友得知他病危的消息后，特地赶到他家去看他。

"病人快咽气了！"医生说。

"他已经不能讲话了！"亲人们呼唤半天，不见一点反应。

"别着急，"客人说，"我有一个办法。"

他走到奄奄一息的波修床前，大声问："12 的平方是多少？"

"144！"数学家低声回答，说完这个数字，他就停止了呼吸。

案例分析：

通过以上几则真实的故事，我们可以得到这样的启发：一个人的记忆力与其关注的东西相关，与其对关注对象的感兴趣程度相关。同时，记忆力除了先天因素的影响外，还需要依靠后天的训练，方能不断提高。我们不可能苛责学生去拥有和科学家们、伟人们一样了不起的记忆力，但我们

可以引导孩子借鉴优秀人物提高记忆力的方法。只要记忆力有所提高，学生的自信心提高了，思路打开了，成绩上来了，正可谓"一举多得"。

如何提高记忆力？除前文建议之外，我们再来关注一些细致、具体、方便可行的方法：

其一，课堂上要专心听讲、思考吸收，取得较深的短期记忆。下课后当天复习；过几天当记忆开始淡漠时再巩固一次并加以条理化。学而时习之，不亦乐乎，以后每隔一两个月复习一次。这样就可以把短期记忆变成中长期记忆，花最少的时间取得最佳的记忆效果。

其二，复习要记忆的功课最好在早晨或夜里的安静环境中进行。试验证明，晚上6~10点和早晨6~8点是记忆功能最佳时候。同时要专心，不要被其他干扰或打断。切忌一边听音乐一边背书。这是因为大脑工作时只允许一个中枢处于兴奋状态，如果同时有几个兴奋点，必定会心不在焉或三心二意，结果大大降低记忆效果。

其三，记东西时要舒心，不要紧张。

紧张时刺激肾上腺素分泌增加，它是损害精神集中功能和记忆力的大敌。反之，在宽松环境中，垂体后叶分泌加压素，它对增强记忆功能大有好处。

其四，可以编一些顺口溜将知识条理化、提纲化，使知识形成记忆的系统和网络，这样便可通过联想来增加记忆效果。例如要记唐宋八大家姓名时，可以先记住韩、柳、'三苏'、欧（阳）、王、曾八个姓，然后便于推想出全部姓名等。

其五，尽量理解要记忆的内容。所谓理解，从生理上说就是把你的知识纳入记忆网络中，并且建立深一层的固定联系。死记硬背不理解的东西是浪费记忆力，也记不牢。

其六，左右转动眼球可有效提高记忆力。如果想快速回忆起某件事，只要将眼球左右来回转动30秒，就会产生良好的效果。因为眼球水平转动可以让大脑的左右半球互相沟通，这对于重新勾起人们的记忆至关重要。

第四节　训练发展发散思维

思维定势是由先前的活动而造成的一种对活动的特殊的心理准备状态或活动的倾向性。在环境不变的条件下，定势使人能够应用已掌握的方法迅速解决问题。而在情境发生变化时，它则会妨碍人采用新的方法。消极的思维定势是束缚创造性思维的枷锁。

发散思维，又称辐射思维、放射思维、扩散思维或求异思维，是指大脑在思维时呈现的一种扩散状态的思维模式，它表现为思维视野广阔，思维呈现出多维发散状。可以用"一题多解"、"一事多写"、"一物多用"等方式，培养发散思维能力。不少心理学家认为，发散思维是创造性思维的最主要的特点，是测定创造力的主要标志之一。

有些学生产生消极的厌学情绪，原因之一就是他们的思维受到了限制，不会进行多角度的发散思维。如果学生的思维得到了改变，视野得到了拓展，那么他们个体本身便会释放出无穷的创造力，创造出一个又一个奇迹。

案例

是数字 0，还是字母 O？

土地不耕耘必将长满野草，思维的机器不开启也必将锈迹斑斑。

作文课上，我一声不响地在黑板上画了个大大的圆圈，台下响起了质疑声："难道班主任改教数学了？怎么在黑板上写上阿拉伯数字'0'呢？""这是阿拉伯数字'0'吗？这分明是汉语拼音字母'O'。"有学生不服气地抢白道。"你们都说错了，它分明就是英语字母'O'。"听着台下孩子

们七嘴八舌的议论，我沉住气，没有发表半句评论，因为出现这样的局面早在我意料之中。由于古板而僵化的教育模式，学生们的思维已渐渐走入狭窄的死胡同，容不得任何的标新立异。作为班主任，我很有必要带领他们走出思维的误区。"黑板上的圆圈，我们暂且不去讨论它究竟该读什么，我先给你们讲一则有关'0'的故事吧。"望着课堂上一双双渴求知识的眼睛，我更觉得有必要激活孩子们丰富的想象力。

"1968年，美国内华达州立法庭里一桩离奇而有趣的官司的庭审正在进行——3岁女孩伊迪丝的母亲状告劳拉三世幼儿园。母亲愤怒地申诉道：'我的女儿在上学之前，能把O说成太阳、月亮、水滴等圆形的东西，但自从她来到幼儿园，学了幼儿园教的26个英文字母以后，她竟然丧失了这一能力，这是对孩子想象力与创造性思维能力的扼杀，我要求劳拉三世幼儿园赔偿我女儿的精神损失费1000万美元。'乍一听，这似乎是一个滑稽而不合情理的要求。但这桩官司最后的判决结果却发人深省：伊迪丝的母亲胜出！原因很简单：天鹅被剪去一边翅膀，就无法高飞，孩子们创造性的想象力被无情地扼杀就可能影响他们将来的发展，教育者理应承担法律责任。教育具有培养创造精神与压抑创造精神的双重力量。3岁孩子的思维才刚刚打开，我们可以把他们培养成美丽的天鹅，也可以使他们变成飞得不高的丑小鸭。"

我的故事讲完了，学生们陷入了沉思，我不失时机地启发道："黑板上画的这个圆圈，刚才有很多同学都指出了它在不同的书籍与语言环境中的读法，除此之外，你还能想到什么？"思维一旦被禁锢，要让它重新开出娇艳的花朵是需要一个过程的，孩子们闷不做声。

我看出了孩子们的疑虑，决定帮助他们开启思维的机器："'0'，一个简单的符号寄托着我们祖先无穷无尽的智慧。它既是语言与数字的载体，又隐含着更深刻更丰富的内涵。"我用手一指窗外绿油油的稻田，感慨地说："'0'是窗外一望无垠的稻田，它既可长满荒草，也能长满丰收的喜悦。"我又用手一指窗外的蓝天："'0'是广袤无边的浩渺宇宙，你既能说它空无一物，又能说它无所不容。盘古由此开天辟地，世界从此生机勃勃。"

孩子最富有创造力，我开了这样一个头，孩子们的思维也跟着打开了。各种新奇的想法不断从孩子们的脑中萌生出来。

坐在教室前排的胖子周军脑海中涌起的想象似乎永远与能吃的东西有关，他脑海中的"0"变成了一块甜甜的、香香的、十分美味可口的酥饼。看上一眼都让人馋得口水直流。我开玩笑道："说得真好。正因为你有如此丰富的有关食物的想象力，你才长得如此健壮呀。"教室里顿时充满了快活的空气。

家境不太优裕的女生青青细声细气地说："'0'是一枚金光闪闪的金币，贫寒者看到它，忧郁的目光陡然为之一亮；贪婪者看到它，攫取的目光暴露出灵魂的丑陋。"我带头为她精彩的比喻而鼓掌。

被同学们称为"哲学家"的阿硕扶扶鼻梁上的眼镜，深有感触地说："'0'是谦虚的起点，骄傲的终点。在弱者面前，它是一只救生圈，让人随波逐流；在强者面前，它是一面敲响的战鼓，催人不断奋进。"

卸下思维包袱的孩子们想象力竟如此丰富。

接下来的日子，我不时运用灵活多样的活动课或班会课形式，与同学们一道点燃蕴藏在他们头脑中的创造性思维的火花，效果还真不错呢！

案例分析：

伟大的科学家爱因斯坦说过："想象力比知识更重要。因为知识是有限的，而想象力概括了世界上的一切，推动着进步，并且是知识进步的源泉。"法国思想家、哲学家狄德罗也说过："精神的浩瀚，想象的活跃，心灵的勤奋——就是天才。"丰富的想象可以跨越时空的限制，亘贯古今未来，碰撞已知和未知的世界，敲击出创新的火花，能引领人类走向更神秘、更宽广的未知领域，让我们的脚步走得更远，思路拓得更宽。

英国诗人艾略特在《岩石》一诗中写道"在信息中，我们的知识哪里去了？在知识中，我们的智慧哪里去了？"这两句诗是诗人对信息时代信息无所不在的感慨，也是诗人对知识大爆炸反而导致一些人智慧衰减的叹息。未来学家奈斯比特在《大趋势》一书中也指出，"处于伟大的变革时代，我们最需要创造力和创造精神"，"新的英雄不再是某个蓝领工人、某

个金融家或经理，而是把想象家丰富的知识同行为结合起来的创新者"。创新思维已被推上时代的风口浪尖。

21世纪，科技创新正以巨大的威力和前所未有的速度推动人类经济和社会的发展，把人类带入了一个全新的、以不断创新的知识为主要基础的新时代——知识经济时代。这个时代，创新精神已成为一个民族进步的灵魂，一个民族要想站在世界科技的制高点上，创新精神和能力的培养至关重要。

教育在培养创新精神和创造性人才方面肩负着特殊的使命。如何开拓学生的思维能力，让学生成长为高创新能力的建设型人才，这是21世纪教育所面临的，也是所要解决的最重要的问题。教育要创新，教师思想首先要创新，教师的思维方式必须要赶上时代的步伐，教师的思想必须要站在时代最前沿。老师们，你是否每天都在清洗头脑中那些不合时宜的东西？当我们拥有了一个个具有创新思维的教师，我们也就拥有了千千万万个具有创新思维的未来建设者。

教师如何才能帮助学生从思维定势的窠臼中出来，进而找到发散思维的广阔天地呢？以下是一些可行性的建议：

1. 激发求知欲，训练思维的积极性

思维的惰性是影响发散思维的障碍，而思维的积极性是思维惰性的克星。所以，培养思维的积极性是培养发散思维的极其重要的基础。在教学中，教师要十分注意激起学生强烈的学习兴趣和对知识的渴求，使他们能带着一种高涨的情绪从事学习和思考。例如：在一年级"乘法初步认识"一课中，教师可先出示几道连加算式让学生改写为乘法算式。由于有乘法意义的依托，虽然是一年级小学生，仍能较顺畅地完成了上述练习。而后，教师又出示 $3+3+3+3+2$，让学生思考、讨论能否改写成一道含乘法的算式呢？经过学生的讨论与教师及时予以点拨，学生列出了 $3+3+3+3+2=3\times5-1=3\times4+2=2\times7$……虽然课堂费时多，但这样的训练却有效地激发了学生寻求新方法的积极情绪。我们在数学教学中还经常利用"障碍性引入""冲突性引入""问题性引入""趣味性引入"等，以激发学生对新知识、新方法的探知思维活动，这将有利于激发学生的学习动机

和求知欲。在学生不断地解决知与不知的矛盾过程中，还要善于引导他们一环接一环地发现问题、思考问题、解决问题。例如，在学习"角"的认识时，学生列举了生活中见过的角，当提到墙角时出现了不同的看法。到底如何认识呢？老师让学生带着这个"谜"学完了角的概念后，再来讨论认识墙角的"角"可从几个方向来看，从而使学生的学习情绪在获得新知中始终处于兴奋状态，这样有利于思维活动的积极开展与深入探寻。

2. 转换角度思考，训练思维的求异性

发散思维活动的展开，其重要的一点是要能改变已习惯了的思维定向，而从多方位多角度——即从新的思维角度去思考问题，以求得问题的解决，这也就是思维的求异性。从认知心理学的角度来看，小学生在进行抽象的思维活动过程中由于年龄的特征，往往表现出难以摆脱已有的思维方向，也就是说学生个体（乃至于群体）的思维定势往往影响了对新问题的解决，以至于产生错觉。所以要培养与发展小学生的抽象思维能力，必须十分注意培养思维求异性，使学生在训练中逐渐形成具有多角度、多方位的思维方法与能力。例如，四则运算之间是有其内在联系的。减法是加法的逆运算，除法是乘法的逆运算，加与乘之间则是转换的关系。当加数相同时，加法转换成乘法，所有的乘法都可以转换成加法。加减、乘除、加乘之间都有内在的联系。如 189 可以连续减多少个 7？应要求学生变换角度思考，从减与除的关系去考虑。这道题可以看作 189 里包含几个 7，问题就迎刃而解了。这样的训练，既防止了片面、孤立、静止看问题，使所学知识有所升华，从中进一步理解与掌握了数学知识之间的内在联系，又进行了求异性思维训练。在教学中，我们还经常发现一部分学生只习惯于顺向思维，而不习惯于逆向思维。在应用题教学中，在引导学生分析题意时，一方面可以从问题入手，推导出解题的思路；另一方面也可以从条件入手，一步一步归纳出解题的方法。更重要的是，教师要十分注意在题目的设置上进行正逆向的变式训练。如进行语言叙述的变式训练，即让学生依据一句话改变叙述形式为几句话。逆向思维的变式训练则更为重要。教学的实践告诉我们，从低年级开始就重视正逆向思维的对比训练，将有利于学生不囿于已有的思维定势。

3. 一题多解，变式引伸，训练思维的广阔性

思维的广阔性是发散思维的又一特征。思维的狭窄性表现在只知其一，不知其二，稍有变化，就不知所云。反复进行一题多解、一题多变的训练，是帮助学生克服思维狭窄性的有效办法。可通过讨论，启迪学生的思维，开拓解题思路，在此基础上让学生通过多次训练，既增长了知识，又培养了思维能力。教师在教学过程中，不能只重视计算结果，要针对教学的重难点，精心设计有层次、有坡度，要求明确、题型多变的练习题。要让学生通过训练不断探索解题的捷径，使思维的广阔性得到不断发展。要通过多次的渐进式的拓展训练，使学生进入广阔思维的佳境。

4. 转化思想，训练思维的联想性

联想思维是一种表现想象力的思维，是发散思维的显著标志。联想思维的过程是由此及彼，由表及里。通过广阔思维的训练，学生的思维可达到一定广度，而通过联想思维的训练，学生的思维可达到一定深度。例如有些题目，从叙述的事情上看，不是工程问题，但题目特点确与工程问题相同，因此可用工程问题的解题思路去分析、解答。让学生进行多种解题思路的讨论时，有的解法需要学生用数学转化思想，才能使解题思路简捷，既达到一题多解的效果，又训练了思路转化的思想。"转化思想"作为一种重要的数学思想，在小学数学中有着广泛的应用。在应用题解题中，用转化方法，迁移深化，由此及彼，有利于学生联想思维的训练。总之，在数学教学中多进行发散性思维的训练，不仅要让学生多掌握解题方法，更重要的是要培养学生灵活多变的解题思维，从而既提高教学质量，又达到培养能力，发展智力的目的。

第五节　各科均衡发展

　　偏科一般是指孩子特别喜欢某一门课，并且该门课的成绩较好，同时不喜欢某一门课，并且该门课的成绩较差。偏科是学生学习中的常见现象，也是学生成长过程中不可避免的现象。由于偏科，许多学生常常无可奈何地输在考试的水平线下，这既让他们本人倍感烦恼，也让老师担心不已。

　　在大多数人的眼里，聪明的、有天赋的学生应该是全面发展的，应该门门功课皆优。在中小学，还有一个传统的做法，那就是只有学习成绩好的学生才能当班干部。似乎表明，学习成绩好的学生一定同时具有组织和领导才能，而且也只有他们才能管理好班级。这种"全或无"的想法背后潜存着一种假定：人的智力是综合性的，一个高智力的孩子应该各个方面都有天赋，应该是"全才"。

　　然而，在现实生活中，我们却常常见到这种情况：有些孩子在某一领域表现得十分优异，可以用"极具天赋"来形容，但在另一领域却表现平平，有的甚至毫无驾驭能力。就像是一个由多个木板钉在一起的木桶一样，木桶最终能盛多少水，归根结底取决于长度最短的那块木板。而偏科的学生正是因为有一两个"短板"太低了，所以影响到整体成绩、整体排名，甚至也影响到了学生在老师心目中的受重视程度，以及家长对他们的信任程度。

　　近期国内一份对中小学生中偏科现象调查的统计结果显示：喜欢人数最多的科目是计算机，占 78.72%，然后是音乐，占 70.21%，再次就是语文、英语、数学分别为 65.96%、65.96%、61.70%。而其中语文的厌恶

率最低，为 13.83%，次之为计算机，14.89%，厌恶率在 20% 以上的有：数学 21.21%，化学 27.66%，美术 27.66%，体育 28.72%，政治 30.85%，物理 31.92%。对偏科年龄的统计，发现 61.7% 的学生在初中阶段有不同程度的偏科，在小学偏科的占 24.47%，高中偏科为 19.15%。

学生的偏科现象，是人才成长过程不可避免的现象，似乎个别人的偏科并没有影响到他以后的发展和成长，我们估计这应该是一种特殊现象。偏科现象出现的高峰期在初中，这恐怕与初中生特定的心理、生理以及课程的加重有关。比如说，他们会因同学的一句话，社会思潮等的因素而形成偏科，也就是易受外因的影响。

偏科还是应纠正的，坚持全面发展，会使人终生受益，可见提高自己的认识水平，以及培养坚强的意志，尤其要加强对初中时期预防偏科的教育。如果我们能对偏科现象予以正确地、适时地引导培训，鼓励他们参加各种特长班、兴趣班、文学社、书法协会……那么，即使偏科的同学也会走上一条健康发展的道路。因为人才是多元化的，人的才能是多方面的，通过多种形式，我们也培养出自己的"韩寒"不是更好吗？

造成学生偏科的原因是多方面的，比如学生进入青春期的心理特点、阅读的书籍、生活环境、影视作品等，都可能影响学生对某学科的偏爱或者厌倦。抛开其他因素，单从教师和学生的角度来分析，应该有以下几种情况：

1. 学生的智力差异。

上世纪八十年代，美国著名发展心理学家、哈佛大学教授霍华德·加德纳博士提出了多元智能理论。他认为人类的智能是多元化而非单一的，主要是由语言智能、数学逻辑智能、空间智能、身体运动智能、音乐智能、人际智能、自我认知智能、自然认知智能八项组成，每个人都拥有不同的智能优势组合。

虽说人的智能可以不断开发、发展，但是智能的品质是在儿童的早期就设定的，甚至有些智能是先天的。

所以，孩子偏科，要考虑是不是智力上的差异造成的。假如是的话，无论老师还是父母，首先要尊重孩子的智力差异，不能用统一的标准来要

求学生。一方面要引导孩子全面发展，让他（她）明白，中学所开设的各门课程就如同营养套餐，每种营养都是成长的必须，要在全面发展的基础上发展特长；另一方面，根据学生能力水平来设置学习要求和作业，让他在弱势学科的学习中也能品尝到成功的喜悦，逐渐培养学习兴趣。

2. 学习习惯与兴趣。

有的学生不是智力上的问题，而是没有良好的学习习惯或缺乏学习的兴趣。不主动学习，完成作业或上课时精力不集中，不主动回答问题，遇到难题不愿深入思考，缺乏质疑的勇气等，这些不良习惯是学生学习的大敌。习惯的形成是一个长期的过程，一般也与学习兴趣相关。兴趣浓厚的学科，学生就会主动、投入地学习，成绩自然就高；兴趣不高的学科或者总是学不好的学科，学生对之就越是恐惧和排斥，成绩也就越来越下降。

知识本身的枯燥（相对于部分学生来说）加上教学的技术主义和功利主义，让学生失去对某一门学科的兴趣，是导致学生偏科的原因之一。解决这一问题的根本是培养学生的学习兴趣。教师要从教学设计上多下工夫，让枯燥的知识变得生动有趣，让深奥的知识变得浅显易懂，并且多设计学生活动，让学生在体验中学习，在参与中学习，激发学生的学习热情。学生由被动学习变为主动学习后，学习成绩自然会慢慢提高。

3. 教师的人格魅力。

"亲其师，信其道"，在今天来说依然是影响学生学习的重要因素。尽管都知道学习不是为了老师，但遇到自己喜欢的老师，即使过去不喜欢的科目也会尽最大努力学好，并由此产生浓厚学习兴趣；遇到不喜欢的老师，原来的优势学科也可能变成弱势学科。所以，老师的人格魅力和对待教学、学生的态度至关重要。当老师发自内心地关注学生，尊重学生，经常给学生以激励、帮助，让学生感受到老师对自己的期望，发自内心愿意学好，自然会主动学习，变弱势学科为强势学科。

当然，仅有对学生的关心和尊重还不够，教师不同的工作态度、教学能力等也会影响学生对不同学科的兴趣。当一个老师十分热爱所教学科，并把这种热爱（对知识的敬畏之情）传递给学生，学生也会受其感染而热爱。当一个老师跟学生说"这个知识其实没什么用处，但你必须要背过来

迎接考试"，那学生就会从心里产生排斥。

所以，要想让学生喜欢你所教的学科，首先要让学生喜欢你这个老师。这种喜欢不是低俗的迎合，而是用教师的人格魅力来吸引学生，用对学生的尊重和呵护来赢得学生，用高超的教学艺术和丰富的学识来吸引学生，学生自会在轻松愉悦中投入学习。

针对偏科现象，还有很多值得思考的问题。理论上讲，老师应该根据每个学生的特点进行因材施教。但限于目前大班额、超大班额的现实，我们只有尽可能给不同学生以实实在在的帮助，让每个学生在自己原有的水平上都有所提高。

案例

功夫不负有心人

在 3 月份的月考小结材料中，我看到了军的叙述：高一上半学期，我对自己很放松，认为现在离高考还远，不必像初三那么紧张了。上课不认真听讲，作业马马虎虎，有时还抄作业，我的数学成绩降到了"不堪入目"的地步，这次的月考，我只得了 26 分。

看着军的小结，我的脑海里闪现出军开学至今的点滴：军在数学课上目光游移，听课状态极差，作业有抄袭现象。课下与一帮"游民"大谈电玩心得。我在想怎样和他谈，才能让他重新燃起对学习的热情。

记得那是 3 月 28 日（当时正在放假），他妈妈给我打电话，问军的考试成绩。我说了军的近期情况，并得知军对家长隐瞒了成绩。从他隐瞒成绩这件事我感觉到他个性很强，挺要面子。于是我计划从这件事入手。

返校后，我装作什么都不知道的样子，问军在家的表现，并询问他家人的情况，最后我向他要家校联系册，他说没有带回去。我本想戳穿他，但看到这时他头低得很低，我只对他说："一件事只能瞒一时，一个人最大的悲哀是欺骗自己和自己最亲爱的人，好好想想，想好了找我谈。"

第二天，军找了我，很不好意思地用纸条道出了他矛盾的心理："在这段时间里，我也想学好，我也曾经努力过，可我就是经不起玩的诱惑，没有毅力，我也不想再这样下去呀。我讨厌数学，因为我什么都不懂，上

课我也想好好听，可一听我的头就痛。"

我没有批评军，有的只是同情和由责任感萌发的想帮他的冲动。我给他讲了数学的重要性，并帮他制定了努力赶上来的方案。

他看起来信心不足，勉强答应试试。我只能期待，我知道在这件事上不能太急。我给他调整了座位，并给他一本我自己设计的练习本。

在批改作业时，我看到了军的本子，他只选做了一题，但在"聊天室"（练习本上除习题区、修正区外还有一个"聊天室"，在这里学生可以和我坦言相对，可以是学习的，也可以是生活等诸方面的问题）里写下了这样一段话：

"在这段时间里，我想了好多，但既然选择了，就要面对，如果老是靠别人强迫自己做不喜欢的事，结果肯定不会太好。我一次次看着自己的月考成绩，我的脑海里出现了我在上数学课的一幕幕，老师的教诲，父母的期盼……"

我只写了三个字："相信你"。

从这以后，军显得很焦急，我看出我们的谈话有了效果。我在窃喜，但我知道这对他是关键的时候，他需要我的帮助。于是我又找他谈了一次话，主要是鼓励他，要他坚持。在这时候，我刻意在上课时让他回答问题，对于他的点滴进步，进行大肆渲染，这样做的目的是给他鼓励，给他以信心。

几天后，军在"聊天室"中写着："这段时间是我上高中以来头脑最清醒的时期，我明白问题出在了哪里。我要做的是先端正学习态度，同时也开始建立起心理防线，因为我面对的是一个学期的放松和那么多的新知识，还有让我痴迷的电玩。在这段时间里，我需要面对的不仅仅是学习上的巨大压力，还要面对同学们的嘲笑，这对我来说是一个很大的障碍。原来一起玩的同学笑我太傻，竟然想去学好数学，学习好的同学觉得我基础太差，不愿意帮我。"

我在后面附言："好样的，老师很高兴你能这样想，坚持！我知道你已经放不下数学了，既然如此，就不要去管别人怎么看，做你喜欢的事吧。老师会想尽一切办法帮你，你会尝到成功的滋味，我相信你能行。"

那一段时间我发现军学得很苦，课间十分钟他几乎都用来做数学题。我为他的这种精神所感动，更清楚地感觉到了自己肩上的压力。给他加大了练习的数量和质量，坚持每天面批他的练习，对他来问的问题给以耐心的解答。

我对军特别关注。看到他一有松懈就去"关心"，每天晚上我都陪着他最后离开教室，经常询问他有没有什么困难，谈学习方法，谈体会。我鼓励军把他平时生活、学习中遇到的困难和点滴感悟都记录下来，以便他自己能更清醒地认识自己。我还及时把他的进步通过电话向他母亲传达。在这一段时间里，我和他母亲的电话几乎成了热线，我很感谢他的母亲。在这件事上，她的确做了很多我做不到的事。

期中考试后，我看到军的脸上写着一脸的快乐，我找了他，就他的试卷存在的问题与他进行了一次长谈。批评了他的紧张，让他明白紧张实质上是不自信的表现，不管怎么样，一定要相信自己，相信自己一定能行。希望他实践自己曾说过的话："我想，我能，我做，我可以。对数学问题要敢于想，敢想敢做；要相信自己，自己肯定能；更要勇于实践，多做不同类型的练习，还要不断给自己鼓劲，说自己可以。"

功夫不负有心人，军终于步入了正常发展的轨道。

军的进步不仅仅是数学，下面是他本学期三次考试的各科成绩，显然军的数学起到了星火燎原的作用。虽然有些课目成绩还很差，但我相信军下次的考试成绩绝不会是这样。

	语文	数学	英语	物理	化学	政治	历史	总分
月考	93	26	22	49	10	60	68	328
期中	102	68	63	65	26	58	70	452
期末	101	82	55	61	36	71	84	490

案例分析：

从军身上，我们体验到了什么是动力，真正领会了"世上无难事，只要肯登攀"的内涵；从他身上，我们发现了这些学生内心的痛苦和彷徨，他们并不是我们一直认为的那样无药可救。从他身上，我们学会了耐心和

感动。从他身上，我们感到他们需要的不是训斥，不是讲大道理，更不是纵容，他们需要的是我们的一句鼓励的话，一个善意的微笑，一个欣赏的眼神，一种宽容的心态，一颗能让他交心的心，一份为了你不顾一切的感动……

马斯洛的需要层次论告诉我们，人有七种基本需要，其中自我实现是最高层次的需要。自我实现很大程度上体现为能否得到别人的认可与欣赏。可以说，获得欣赏是每一个人与生俱来的需要。尊重学生，更多地欣赏和鼓励学生，将人生的美好前景展示在学生面前，关注学生的内心世界，是教育取得成功的秘诀。

对于学生而言，他们的人生观、价值观正在形成，保持着原始的、单纯的喜好倾向，并且凭着这样的倾向思考问题。这不能责怪他们，反而说明了他们的单纯、可爱，可是这样的做法毕竟不对，不利于学生的成长。试想一下学生学习的目的，一方面是汲取知识，丰富自己，为将来成为一名对社会有用的人做量的积累；另一方面要通过这样集体的学习和生活，培养自己的沟通能力、交流能力、合作精神，成为更能适应社会生活的人。因此如果处理不好自己和老师、同学之间的关系，不但会影响到自己的学习，也同样会影响到将来的发展。

学习在更多的时候不仅仅是一场智商的较量，更多的是情商的较量，比的是耐力和耐心。为了一个明确的学习目标，学生不但要刻苦学习，还要战胜各种精神领域的障碍，以愉快积极的心态来面对学习。因此，引导学生尊重老师、相信自己，才能使其逐步走出偏科的羁绊，而获得各科的均衡发展。

第五章　营造有利的学习环境

　　近朱者赤，近墨者黑，这是人尽皆知的道理。学生的世界观、人生观、价值观都还没有成型，极其容易受到来自外界的影响。帮助学生营造一个有利的学习环境，不仅有助于他们在学习的时候拥有一个从容舒畅的心情，而且有助于他们集中精力，提高学习成绩，更有助于他们身心健康发展。学生没有能力自己选择学习环境，老师们责无旁贷地应伸出援助之手，从外在环境到内在心理，给学生一个良好的氛围，为学生撑起一片自由、广阔、和谐的成长天空。

第一节 平等对待每一个孩子

学习环境不仅包括外在的学校、教室等形成的客观氛围，也包括影响学生的教师情绪、学习伙伴的状态等主观氛围。在营造有利于学生的学习环境时，教师应该双管齐下，由外到内，关注每一个细节，重视每一点因素。只重视客观氛围的营造而忽略了关照孩子的内心世界，他们非但不会对自己享受其中的优越条件心存感谢，而且还会因自己得不到理解和尊重而产生厌学心理、逆反心理。只注意关心主观氛围的营造而放松了对营造客观氛围的必要投入，学生们就容易在不良习惯上彼此影响，相互干扰，以至最终出现随波逐流、"近墨者黑"的结果。

为学生创造良好的学习环境，培养学生健康的情感、积极的态度、正确的人生观价值观，这就要求老师重视学生学习的环境，以良好的文化氛围感染学生。因为一个良好的学习环境不仅体现了学习主体的整体精神面貌，而且直接影响到学生的心理健康。好的环境才能产生好的心灵。它虽然"桃李不言"，却能使学生在不知不觉中、自然而然中受到熏陶、暗示和感染。

案例

"问题学生"的蜕变

真正认识许亮是在我为领班代课的日子。

许亮是这个学期挂着"问题学生"的处分转入我所执教的这所私立学校的学生。据说为了进这所学校，许亮的家长也颇费了一番周折。而我注意到他，确实因为那双深邃而略带忧郁的眼睛。

137

当我到班级上课的时候，许亮正将自己的椅子搬到前面靠讲台的一个空位子上。我略带微笑地向他望了望，他却很局促地坐下去，摆弄手中的钢笔。

我一向不习惯于采用问题导入式的教学模式，但这次我还是提了一个并不算难的问题，一部分同学声音或大或小地说出了基本正确的答案。

"这位同学，请你来回答这个问题！"我向许亮示意。

许亮似乎是为了证明自己确实不是在复述别人的答案，回答之后，还分析了这样回答的原因。我很满意地向他点了点头。

这节课气氛十分活跃。不知道是该归功于情境的创设，还是源于学生对新教师新鲜感的延续。

当我走出教室时，许亮紧跟在我身后，欲言又止。

"你还有问题吗？"我笑着问他。

"没，没有。"

说完便红着脸不再说话，背着双手靠在走廊的窗台上。

"你叫什么名字？""许亮。"他抬起头看着我，"老师，团员是不是您管？""是啊，有问题吗？"

许亮显得很高兴，忧郁的眼神似乎一下子快活起来。"那校园热线也是您吧，我原来的学校没有的！"

"你原来在哪个学校？"

"四中。"他回答时声音很低，也有些犹豫。

上课铃声刚好响起。"老师，我走了。"他倒退着走了几步，然后转身飞快地跑进了教室。许亮？四中？难道这就是刚插班进来的"问题学生"？可刚才站在我面前的许亮很难让我把他和这四个字联系到一起。我突然记起了，许亮可能就是上任书记暑假里所提及的他表侄的儿子。看来，许亮并没有像老书记所担心的那样需要我"照顾照顾"！

原来计划只代一周的课，但由于同事老家的事情没有处理完，还要推迟一个星期。其实，我也想再有机会"照顾"一次许亮，以完成老书记的

委托。但我有些失望，或者说有种失落——许亮的座位空着。

课后，许亮的"死党"王浩悄悄告诉我："许亮请假去医院了，但他没去医院，而是去网吧打游戏，已经好几次了。"我心里莫名一沉。老师若发现自己最得意的学生在考试中作弊，应该也是同样的感觉吧。看来，许亮可能是有"问题"，而且"问题"似乎还比较严重。

"班主任不知道这事儿吗？"

"她？都是她的事儿！"一提到班主任，王浩似乎很气愤，"许亮不知道这节课还是你来上，不然他肯定不会出去的。"王浩又补充说。

放学后，我故意和许亮的班主任王老师走在一起。闲聊中，我有意提及许亮。

"他？当初我就不同意接手，现在好了，上课打瞌睡，考试作弊，还逃课去网吧，他再这样下去，就真的没救了！"我很少听这个干练的女人发出如此的牢骚。

"跟他父母谈过吗？"

"他爸爸来过几次都不知道了，但根本说不服他。他不仅是成绩太差，更重要的有不良的行为习惯和畸形的逆反心理。我已经和学校说过了，这个学生真的不能再留了，不然早晚会出事！"望着她渐渐远去的背影，我突然感觉有些茫然。

一般情况下，考试结束后的几个星期天是热线最多的日子，这次仍不例外。

"喂，你好，这里是校园热线，你有什么需要帮忙的吗？"许久，电话那端只有呼吸声断断续续地传过来。"这样吧，我先放一首歌曲，放松一下，然后我们再聊好吗？"这种方式一向都能很有效地缓解紧张的气氛。

"老师，我，我……"

"你是许亮！"我脱口而出。

"老师，你还记得我！"许亮的语气一下子激动起来。

"当然！上次王浩还说你去医院了呢，现在没事吧？"

"老师，我想，我想求你一件事儿！"

"谈不上求，不妨说来听听，如果我能做到，我会尽力帮忙！"

"我……"只吐出一个字，便是沉默。"王老师不想要我了，要么让我转班，要么让我退学。"他似乎有些气愤，但语气并没有太多的敌意。

"你自己知不知道为什么呢？"王老师那天说的话看来真的"应验"了。

"还不是怕我拉班级后腿！从来的那天她就一直没给过我好脸色。我也知道我以前表现不好，但我已经改多了呀，如果不是考试前她对我'指桑骂槐'，我也不会跑出去。转过来之后，我就一直告诉自己要静下心来学习，虽然有些时候我是听不进课，但我也逼着自己坐在教室里。总得给我点时间啊，可她现在……"

我没有插话。他断断续续讲了近十分钟。从他的语气变化中，我已经感觉到大滴大滴的眼泪正从他脸上流下。"你自己有什么样的打算？"我缓缓地问。

"老师，您能要我吗？"

"我？"他突然冒出来的这句话，让我有些措手不及。

"老师，您给我一次机会吧，我向您保证，我一定听您的话！"许亮近乎哀求。

看来问题有些复杂化了。

"这，这得看学校的决定。"我忽然感觉自己反倒紧张起来了。

"我爸爸上午去过学校了，如果没有一个班愿意要我，就只能劝退。我实在是不想再转来转去的了，老师！"

这是一次机会——对许亮来说。这一瞬间，我只想到这一点。"我会和学校商量的，但我不敢保证就一定能行，好吗？""老师，我一定会改好的，如果我再不改，我就，我就对不起您了！"

"许亮，记住，不是对不起我，而是对不起你自己，明白吗？"

三天之后，许亮成了我班级的一员。在"加盟仪式"上，许亮收到一张我亲手制作的卡片。

后来，有同事半开玩笑地对我说："齐老师，你班干脆改成收容所算了！"

　　我一笑了之。的确，年级公认的几个"差生"都已经先后转到了我的班级。这个最后"分"出来的班级反倒成了人数最多的一个集体。但令我欣慰的是，他们都在慢慢地发生质的变化——包括许亮。虽然在成绩上，许亮的名次仍然要从后面数起，但他没有缺过一次课，即使那次生病。在校医务室挂完吊针后，又赶回到教室。

　　两年后，许亮留学澳大利亚。那时，他已经是班级的生活委员了。

　　许亮走后的第三天，托王浩转交一本厚厚的日记本给我。首页夹着我送给他的那张纪念卡。日记里记载着两年来发生在我们之间点点滴滴的故事。

　　最后一页写着："老师，五年后，你会看到一个出色的许亮。我会在另一个半球想你！"

案例分析：

　　学生的差异是客观存在的，我们就应该承认和尊重学生的差异，不能硬性地按照整齐划一的标准来评价要求每个学生。这种差异要求教师创造适合不同学生健康成长的教育，而不是选择适合教育的学生，在教学中我们应该分层施教，帮助学生在各自的基础上取得发展，针对不同层次学生的发展水平，提出不同层次的要求，使每个学生都能获得成功的喜悦，只有这样才能避免歧视学生的现象，也才能让优生"吃饱"，培养出更多有创新能力的尖子生，让"优、中、差"都取得更大的进步。

　　现代教育的民主性原则就是要求教师尊重学生，只有尊重才有平等，只有平等才有信任，有了信任，教师才可能深入学生的内心世界，准确把握学生的心理状态，才能与学生进行心灵的沟通，最终才能收到良好的教育教学效果。教师们放下你的架子，弯下你的腰，学生就会向你微笑。

一视同仁

2010年高考我带的三班46名学生有33名考入本科院校，其中有8名学生入校成绩在全年级100名以后。平等地对待学生就要为学生提供公平的竞争，尊重每个学生的个性。比如两个学生打架，有的老师可能不问青红皂白就批评所谓的差生，造成"冤假错案"。再如，有时老师偏爱学习好的学生，冷落差生，时间长了，形成两种极端的学生。过分宠爱会导致学生优越感太强，容易目中无人，遇到挫折时不易适应。过分冷落会使学生失去自信心。所以，教师对待学生的态度要一视同仁，这是教师塑造自身形象赢得学生尊重、尊敬的必要条件之一。

在教学过程中，我从来没有歧视过任何学生，从各方面我对学生都一视同仁，从来不在学生面前表现出偏爱哪个学生。因为我深知过多地赞美雄鹰，会伤害更多的小鸟。我对学生的表扬鼓励，从来不集中到几个学生，而是任何学生只要有了好的表现，我就表扬鼓励。

我现在排位实行的就是按照循环的原则。一是南北对调，一是前四排循环，后四排循环。这样做就是为了公平地对待每一个学生，不歧视任何一个学生，同时能有效地防止斜视。学生说这是上学以来最公平的排位。

我班里有个学生，天生一个手小，一个手大。但我没有歧视他，把他当作正常人，有了进步进行表扬，有缺点进行批评。由于他的表现有了很大的进步，我还让他担任了纪律组长、三操检查员。从那以后，他消除了自卑感，学习有了很大的提高。

平等地对待学生不仅指教师要平等地对待所有的学生，也指教师和学生保持平等的地位。有一句名言叫"蹲下来看孩子"，教育者要蹲下来和学生保持一样的高度，以学生的眼光看问题、看世界，这样才能真正尊重孩子，理解孩子。也就只有在这样的前提下，教育者才更有心去主动地创造更充裕的时间和空间去了解、剖析、关爱学生，为学生提供最适合的教育。教育的平等不只是学生之间的平等，更应是教育者和学生间的平等，教育者和学生之间的平等是平等教育、民主化教育的基础。老师真正走到

学生中，有时蹲着、有时坐到学生中，有时半跪着进行指导，营造一种和学生"等高"的平等气氛，让学生在轻松的环境里率真地袒露他们的一切。

在每接一个新的班级时，我都问学生我们班共有多少人，学生往往忘记了我这个教师，我就说，别忘记加上我，我也是我们班级的一分子。这样拉近了和学生的情感距离，很多学生毕业后和我交谈，他们首先想到的就是我这句话，感到我是一个很民主的教师。一位学生在来信中写到："老师，您知道吗，在我们的心目中，您是我们的朋友，您和我们的距离那样近，可以说您没有高高在上的老师的架子，可是我们尊敬您，因为您有民主的作风，更有一种让我们敬重的人格魅力。"只有充分地信任学生，平等民主地对待学生，才能做到面向全体学生，使每一个学生都能发展自己的特长，成为对社会有用的人才。

案例分析：

上面所提到的三班学生，他们之所以能"笑到最后"，与班主任老师一视同仁的教育态度是分不开的。每一个孩子都值得被认可、被重视、被关心、被鼓励。平等地对待每一个学生，对老师来讲，这是一种博爱，一种责任；对学生来讲，这是一种尊重，一种幸运。那么，如何做到平等对待每一位学生呢？以下几点建议仅供教师朋友参考。

1. 平等对待智力和能力不同的学生。

每个学生的智力和能力均不尽相同，有的学生非常聪明，但能力一般；有的学生则智力一般，但能力却非常强。对于智力和能力不同的学生，教师要在人格上给与平等的尊重，在学习上给与平等的帮助指导，在发展上给与平等的人文关怀。

2. 平等对待学习成绩不同的学生。

每个学生由于智力或学习态度的不同，其成绩往往不尽相同。作为教师，应对学生一视同仁，不把学生分成三六九等，做到"有教无类"。不论学生学习成绩如何，在同一事上采取同一态度对待，不偏爱成绩好的学生，不嘲讽或歧视成绩差的学生，不给优秀学生开小灶。

3. 平等对待男学生和女学生。

学生中有男有女，男学生往往比较聪明、调皮，缺乏韧劲，而女学生则相对迟钝、文静，有韧劲，作为教师要平等对待男女学生，做到既看到他们的长处，又看到他们的短处，并能鼓励男女学生扬长避短，不断进取。

4. 平等对待个性特点不同的学生。

人都有自己的个性，学生也不例外，有的个性外向，有的个性内向；有的爱静，有的喜动；有的乖巧听话，有的调皮捣蛋……作为教师要平等对待个性特点不同的学生。比如上课发言，应该每个人都叫，不光叫高高举起小手的一个人或几个外向的学生，还应该叫默默坐在位置上的内向的学生；比赛时既要让有特长的学生参加比赛，也要让其他同学参加比赛，让每个学生都能在比赛中得到锻炼成长。

5. 平等对待家庭背景不同的学生。

学生来自不同的家庭，有的家庭父母是当官的或是开厂做生意的，收入高，经济条件好，出门开汽车，回家住洋房，这些家庭的学生养尊处优，往往比较高傲，自以为是；有的家庭父母下岗、离异或其他原因，家庭条件相对来说比较贫困，这些家庭的孩子往往比较自卑，自信心不足。对于家庭背景不同的学生，教师要平等对待，不用有色眼镜看人，不能因为他是干部子女而给予"特殊照顾"，让他当小干部、评三好学生，也不能因为他是下岗工人的子女而瞧不起，处处挤压，而应根据每个学生的情况因势利导，让全体学生均得到全面和谐的发展。

6. 平等对待自己喜爱和不喜爱的学生。

有的学生聪明好学，讨人喜爱，有的学生淘气厌学，令人厌恶。作为教师，不能亲疏有别，抱有成见，而要既偏爱自己喜欢的学生，又爱护自己厌恶的学生，最重要的是要给予自己喜爱或不喜爱的学生以提供平等的机会。这包括：在公布成绩时平等；在进行各种选拔时平等；在上课时平等；在评价学生时平等；在处理学生之间发生矛盾冲突时平等；在自己心情愉快和不愉快时对学生平等。

总之，公正，既是当代世界教育发展的重要趋势和目标，也是对教师

的一种重要的道德要求，更是教师对待学生的核心原则。教师只有真正做到了公平合理地对待和评价学生，才能真正赢得学生的尊重。但在实际的教学工作中，要想做到公正是很难的。对物欲、权欲、名欲、情欲的追逐，都会使教师的天平难以保持平衡。因此，作为教师要不断加强自身修养，努力提高抗诱惑能力，公正平等地对待学生，尊重学生，让每个学生在您的呵护下茁壮成长。

第二节 倾听孩子的"苦水"

远古时代，洪水滔天，帝命鲧（gǔn）治水，鲧用堵塞之法，历时十年而水患更甚。鲧之子禹改用疏浚之法，终于平息了水患。从这个真实的故事中，我们可以得到这样的启发：堵不如疏。学生被压抑、克制的情绪更甚于滔天洪水，教师只有想办法为其找到恰当的宣泄渠道，才能避免造成"水患"。否则，任其泛滥，势必冲破心之堤岸，给学生的心灵和成长造成极大的负面影响，这样的结果绝非教师所愿见到的。

孩子，在许多人的眼里是最天真无忧的。其实，这是种错觉，孩子们同样需要倾诉，需要将心中的烦恼发泄出来，以减少心理的压力。笔者在教育教学过程中发现：一方面我们的学生都是独生子女，家长对他们的过分溺爱、过高要求，导致部分学生心理较为脆弱，心理障碍现象明显增加，容易产生兼容性差，刻苦精神欠缺，挫折承受能力不强等问题。但是更主要的原因是，学生遇到困惑、挫折没人可倾诉，似乎不大愿意讲给父母、老师听，好朋友又太少。我们要给学生一个发泄的环境，通过不同的形式，由他们自己来认知自己的心理情感问题，让他们敞开心扉，尽情抒发；给他们一个机会，让他们有松弛身心、寻找理解和支持的地方。

用心倾听学生的声音，是一种智慧，更是一种责任。善于捕捉来自学生的哪怕极其微弱的信号，并给予足够的重视和恰当的处理，会使你的教学活动更和谐、愉快、有效。教育家卡耐基说："做个听众往往比做个演讲者更重要。专心听孩子讲话，是我们给予他的最大尊重、呵护和赞美。"

而实际上很多教师并不能做到认真倾听。教师倾听时存在哪些问题？这些问题产生的原因是什么？教师又应该如何认真倾听呢？

1. 教师倾听中存在的问题

（1）说教与训话。

生：老师，我的铅笔被小刚偷去了。

师：你怎么东西总是不放好？我不是提醒你们下课时要整理好文具再出去玩吗？是不是又掉地上被小刚拾到了？以后不要再用"偷"这个字，一听这字就烦！

学生难免会犯错误，相当一部分教师听了学生说的内容总是板着脸正面说教或批判式训话。这种说教与训话，既丧失了教师的威信，又降低了教育效果，还容易让学生产生逆反心理。

（2）转移重点。

生：老师，我越来越不喜欢上语文课。

师：那你喜欢上什么课？

教师没有问学生为何不喜欢上语文课，没有帮学生分析原因、寻找解决问题的方法，而是反问"你喜欢上什么课？"转移谈话的重点。

（3）打断话题。

生：老师，就快比赛了，我就怕自己赛不出好成绩，我……

师：没关系，很正常，我参加比赛也紧张，到时多做几个深呼吸，就没事啦！

教师没有听完学生的话，没有了解学生心理紧张的真正原因，只是用简单策略去回应一下。

（4）敷衍应付。

生：老师，小东和小强在教室里吵起来了。

师：哦，知道了！

吵架的原因是什么，教师没有了解，没有分析，没有想办法去解决问题，只是用简单的"知道了"应付一下。

2. 影响教师认真倾听的因素

（1）自我中心意识。

瑞士心理学家皮亚杰首先提出"自我中心"这一概念，意思是指一个人只从自己的角度，用自己的眼光和感情去看待周围世界，处理所遇到的问题。中华民族自古就讲究"天地君亲师"，在等级森严的封建社会制度中，师生关系的表现就是"师道尊严"。学生必须无条件服从教师，教师也习惯了凌驾于学生之上发号施令，一些教师随意体罚和侮辱学生，并认为天经地义，丝毫没有想到学生也是有尊严的人。虽然现代教育理论提倡"教学相长"，"师生关系平等"，但有相当一部分教师依旧受传统"师道尊严"的影响，以自我为中心，依自己的眼光观察学生，依自己的思维理解学生，依自己的喜好对待学生，不能人性化、互动教育，学生始终处于被控制、被支配的地位。

（2）职业倦怠感。

"职业倦怠症"并非因身体劳累所致，而是源自心理的疲乏。一个人长期从事某种职业，在日复一日的机械工作中，渐渐会产生出一种疲惫困乏乃至厌倦的心理，只是依仗着一种"惯性"来工作，将年复一年的教育教学看成是简单机械的重复，把膝下一个个鲜活的生命看成了毫无个性的产品；只看到"年年岁岁花相似"，看不到"岁岁年年人不同"，教学全无任何的主动性、创造性可言。学生的话没说完，便以"去！去！去！成天就知道打小报告！""真是，这点小事也来烦我！""不是讲了吗？怎么还不懂？""知道了，一会儿去处理！"等不耐烦的、讥讽的、推诿的话语来打发满含委屈来求助的学生！

（3）事情干扰，难于集中注意力。

备课、上课、改作业、开会、政治学习、业务学习、组织活动、参加各级各类竞赛、培训、考核……对每位教师来说，每天都必须完成很多分内分外的事，任务繁多，也难得有时间、有心情听学生去诉说，即使不得不去听，也由于同时考虑了其他事情而难于集中注意力认真倾听！

（4）对谈话学生存在偏见，不愿意倾听。

一般来说，教师爱优等生容易，爱后进生较难。后进生缺点、毛病较多，成绩较差，心理特殊，不可爱，使得不少教师提到后进生就头疼，懒

得与后进生交流、沟通，也有一部分教师总是戴着有色眼镜去看待后进生，对他们的态度冷淡，对他们的话不能认真倾听，不尊重、不信任他们，在心理上歧视，在语言上讽刺挖苦，对这些孩子的话不是轻易打断就是冷言相激，或者不屑一顾！

3. 对教师有效倾听的几点建议

（1）尊重学生人格，用诚意与耐心走近学生。

苏霍姆林斯基说过："如果学生不愿意把自己的快乐和痛苦告诉老师，不愿意与老师开诚相见，那么谈论任何教育都总归是可笑的。"所以教师首先要倡导教育民主，尊重学生人格，真诚地对待每个学生，用自己的真心去换取学生的爱，这样才能使学生走近自己，愿意对自己诉说，愿意与老师分享自己的快乐与痛苦！

倾听别人谈话总是会消耗时间和精力的，如果你是真的有事不能倾听，那么就直接说出来。这比你勉强去听或装着去听给人的感觉要好得多。听就要真诚地听，对教师自己和对学生都是很有好处的，安排好自己的时间去听学生谈话是很有价值的。学生所说的可能比较比较零散或混乱，观点不太突出或逻辑性不太强，教师要鼓励学生把话说完，自然就能听懂全部的意思了。学生对事物的观点和看法有可能你无法接受，你可以不同意，但应试着去理解学生的心情和情绪。一定要耐心把话听完，才能达到倾听的目的。

（2）学会"心理换位"，做善解人意的好教师。

"心理换位"是指将自己置于对方的立场去思考，当你站在对方角度去思考时你才能真正理解对方。老师何不将自己置于学生的立场，思考"如果我是学生，我遇到问题告诉老师时希望老师对我怎样？"

《家有儿女》中妈妈刘梅总是听不进儿子刘星的解释，误解刘星。为了让妈妈体会被人误解的滋味，女儿夏雪想了一招：刘梅得到一个去上海参加研讨会的机会，兴奋地告诉孩子们，夏雪说妈妈是和同事内部协调好，说妈妈是给领导送礼……用很多理由，来说明妈妈不是凭真正本领，只是通过不正当手段得到的。妈妈刘梅解释半天，小雪还是用言语刺激她。刘梅伤心极了！一个人躲到屋里生闷气。小雪去解释了原因，

刘梅幡然醒悟，认识到自己平时对刘星的确太偏激。不该不去认真听孩子的话！

这个情节对教师难道没有启示吗？很多教师与学生不能平等相处，对孩子总是以俯视的角度去观察，又怎么可能认真倾听？所以在倾听时，教师首先要克服自我中心，学会心理换位，让自己也成为学生，耐心听孩子诉说，专注于学生的讲话内容，在学生需要的时候及时伸出援助之手，做一个善解人意的好教师！

（3）不对学生有偏见，不随意打断学生谈话。

有一次美国知名主持人林克莱特访问一名小朋友，问他说："你长大后想要当什么呀？"小朋友天真地回答："嗯，我要当飞机驾驶员！"林克莱特接着问："如果有一天，你的飞机飞到太平洋上空，所有引擎都熄火了，你会怎么办？"小朋友想了想："我会告诉坐在飞机上的人绑好安全带，然后我挂上我的降落伞先跳出去。"

当现场的观众笑得东倒西歪时，林克莱特继续注视着这孩子，想看他是不是自作聪明的家伙。没想到，接着孩子的两行热泪夺眶而出，这才使得林克莱特发觉这孩子的悲悯之情远非笔墨所能形容。于是林克莱特问他："为什么要这么做？"小孩的回答透露出一个孩子真挚的想法："我要去拿燃料，我还要回来！我还要回来！"

通过这个故事，你认为自己真的明白了倾听的艺术了吗？我们老师是不是常常粗鲁地半途打断学生的谈话，又武断地下结论呢？

教师对后进生往往没有耐心，存在一定的偏见，而他们对少数心目中优等生日益产生的偏爱，对后进生来说，又是一个沉重的压力，使得后进生滋长严重的自卑心理，丧失自信心。教师在倾听过程中随意打断学生的谈话，或借机转移谈话主题，一心二用，任意地加入自己的观点做出评论和表态等，都是不尊重学生的表现。有效倾听过程中，应注意以下几点：不要带着教师的权威感和优越的批评感来倾听；不要用有色眼镜看学生，对谈话学生不存在偏见，尽量站在学生立场，走进学生的内心世界；在倾听的过程中，不随意打断学生的话，不轻易给学生下结论。通过倾听，对学生所传出的信息，快速并准确地过滤。善于捕捉学生思维点、优劣点，

对其正确的思维点、优点予以肯定，对不正确的设法对学生予以引导，使其改正。

（4）专注倾听，边听边悟，了解更多信息。

人人都能听，但未必人人都善听。善听，才能使教师充分地了解学生，有可能找到问题的关键所在。钟志农认为："倾听"包括了"听"，以及敏锐地寻找声音中的隐含线索……倾听的目的在于使当事人愿意畅所欲言并且产生一种被理解、被接纳的感觉。倾听不仅要耳朵听，还应该调动眼、口、手、心、身体去听！

用眼去倾听，听的时候眼睛要看着说话的学生，让说的人知道你在认真地听。用口去倾听，听的时候嘴巴尽量不发出声音，在学生停顿时提问或发表意见。用手去倾听，听的过程中可以用手把你听到的要点记下来。用身体去倾听，"倾"，顾名思义，指听的身体姿态，应该是脊背挺直、身体前倾的样子，老师在倾听时也可以端坐前倾的姿态坐下来，让学生坐在你的对面，这样处在平等的位置更利于学生倾诉。用耳朵去倾听，听清学生表达的意思，找准关键词和主要的意思，也听学生的语气与态度，体会他的思想和情感。

（5）适时作出反馈，与学生进行心理沟通。

师生间的心理沟通是营造融洽的教育氛围的保证，是提高工作学习效率的重要条件，更是帮助学生成才的巨大动力。教师在倾听过程中适时作出反馈可以使沟通成为一个交互的过程。准确地反馈会激励谈话人继续进行，对其有极大的鼓舞。蕴含温暖与支持的视线接触、不时点头微笑表示认同能使学生感受到教师对自己的关注和尊重。学生在叙述时，教师可用"嗯，难怪！继续说！"、"好，后来呢？"、"所以你很伤心，对吗？"、"再说一些好吗？我很想多知道一点。"……引导学生继续表露自己。教师运用同感、鼓励等方式，甚至开放自己，来表明自己对学生倾诉内容很关注，正在认真地倾听，可进一步引导学生无阻碍地倾诉自己。

做一个真正的倾听者，需要爱心和耐心。拥有爱心的教师不会拒绝学生的求助、呼喊和抱怨；拥有耐心的教师不会因一时难以听到学生真实的

想法而沮丧放弃，持之以恒的爱心和耐心必将换来学生真心的回报。倾听的实质是教师放下架子，以平等的态度对待学生，用温暖的笑脸去面对学生，加强彼此的沟通和交流。对教师与学生这两个特殊的群体而言，心与心的对话必然由真诚的倾听开始。这才是教育的真谛！

第三节 与家长做好沟通

一个孩子的健康、健全成长，仅靠学校或仅靠家庭都是不够的。因为教师观察不到孩子在家的情况，家长也很难看到孩子在校的表现，需要两者之间的合力，教育才会有针对性和连贯性。应该说，这是校园人际关系中难度较大的一种关系。因为家长的职业不同、层次不同，教育孩子的观念也不同，要让他们都能与学校步调一致，真的很不容易。为了给培养创造性人才提供一个良好的大教育环境，教师与家长必须做到互相配合，和谐施教，共育新人。

教师与家长之间的沟通已经成为现代教育不可缺少的组成部份。教师要做好班级管理工作就应当认识到与家长之间沟通的重要性，苏霍姆林斯基有句名言："没有家庭教育的学校教育和没有学校教育的家庭教育都不可能完成培养人这样一个极其细微的任务。"因此，教师与家长必须做到互相配合，和谐施教。沟通是一门学问，也是一门艺术。在与家长的沟通过程中，了解家长的心理，根据沟通对象不同的情况，以真诚的态度，运用灵活的沟通技巧，采取正式和非正式的多种沟通方式，才能收到好的效果。

案例

一次家访

家访对象：小轩——在高一年级时曾经是一度很令老师头疼的学生，由于跟社会中一些无业青年的交往，给班主任增加了很大的管理难度。高二文理分班时分到了我们班。这个同学在平时的生活中很讲义气，因此在同学们中间很有人缘。刚来到我们班的时候，我安排他做了卫生委员，工

作认真负责。可是，十一过后就开始对工作不怎么负责任了，同时，上课也开始不认真学习，睡觉，说话，作业基本上都不能按时交。后来的一个多月里，还经常请假，午休也不回来，常常要跟家长打电话。通过跟家长的沟通，才了解到这个孩子最近跟另一学校的一个女孩子在交往，正处在狂热期，有一天，他还去了女孩家里，被女孩子家长发现了。这样，双方家长就开始在沟通的基础上，对他们施加影响。没想到，他们却更加逆反了，特别是快放假前的一个月，小轩情绪非常不稳定，时有迟到，请假的事情发生，也常常和父母发生冲突。家长束手无策，我在学校也是想尽办法，想让他先稳定地考完会考。2月初，为了能跟他进一步的交流，帮助他解决困惑，带他走出困境，我就决定去他们家里进行家访。

家访过程：2月7号，是春节长假后的第一个周末，我打算利用这个时间去几个同学家里家访。小轩同学家住在朝阳区，我们班的小雪同学家也住在朝阳区，我打算那天上午去这两个同学家里家访。早上我给小轩同学的家长发了条短信："您好！我是杨老师，假期快要结束了，我想去家里看看小轩假期学习的情况。"过了一个多小时，他的母亲给我打来了电话，说他不在家，整个假期都是一早就出去，晚上很晚才回来。她今天晚上跟孩子说一下，让我明天再去。我这一听，更是不放心，更下定了决心要去看一看，一个假期过去了，他到底是什么样子。于是，我就约上了他高一时的班主任王老师，我们两个一起去他家里家访。结果，那天晚上，小轩回家后就给我来了电话，希望我能够去他们家家访，并且还要请我和王老师吃个午饭。

2月11号上午，我和王老师去了他们家，出了地铁口，他和他的爸爸来接我们。他们家住在朝阳公园附近，每天上学要用将近一个半小时的时间，有时候是父亲送他来上学。家里除了他之外，还有一个有些残疾的姐姐和一个两岁的小外甥女，父母年纪都已经很大了，对他非常的溺爱。父母又都是单位的干部，很要强，平时对他的要求又很高，这样既溺爱又苛求，让他既不听话，又跟父母有了矛盾，父亲经常被他气得血压居高不下。

到了家里后，我和王老师就直接开门见山谈起了他的问题，我们从一

个长者，甚至一个朋友的角度，对他的情况进行了分析，同时也给他指出了应该怎么去做，希望他能做一个有责任的人。同时，我也表示继续让他做卫生委员，这个学期能继续为班级服务。在一个上午的交谈中，他也对家长和我们表了态，尽力去克服改正。

家访效果：开学来小轩的学习态度明显积极了，还制订了班里的卫生值日表，早上也能按时上学了，各科任课老师也都说他这个学期来有进步了。这次家访起到了良好的效果。

案例分析：

家庭访问是班主任老师最基本，也是十分重要的工作。班主任通过家庭访问能够了解家庭、了解学生，掌握孩子成长的规律和特点。家访也能使老师与家长沟通，形成教育的合力，使孩子能在学校教育下健康成长。有的家访是老师为了调研孩子出现不良习惯与行为的原因，与家长一起探讨、设计改正孩子缺陷的方案等。因此每次家庭访问都有明确的目的，事先作好充分准备，没有与家长深入的交流与沟通是无法达到预期目的的。

班主任的家访是涉及教育学、心理学等知识，内容十分丰富，技术操作性很强的一门科学，做好家访工作显然是相当繁重的，家访前必须充分准备，确定家访的时机。为了提高家访的效果与质量，班主任应该不断提高家访的技巧与艺术。

1. 家访目的清晰，认真做好案头

学生以教学班编入一个班级后，班主任与这个班级的学生家长就形成了一种工作关系。老师联系家长，进行家庭访问就是班主任的一项日常工作。家庭是孩子第一所学校，父母是孩子第一任老师，父母的文化、个性、品行和素养与孩子的成长有着密切的关系，家庭对孩子潜移默化的影响不可低估。因此班主任在研究学生的同时首先要了解、研究家长。

班主任家访前必须事先有计划、有准备，可以写出家访设想，根据访问的目的与要求，家访一般有这几类：了解性、反馈性、探访性、调研性。了解性家访是在新生到校前后，老师需要了解其家庭成员、社区环

境，了解孩子的现在与过去、特点及个性，这类家访必须做到 100% 的访问。反馈性家访是根据孩子的现实校内外表现，与家长即时沟通、反馈，有利于家长配合教育。探访性家访是老师带着问题去观察、思考。调研性家访是老师带着研究课题，以探访形式在聊天中发现问题，积累素材。

家访应该有明确的要求，访问后要做好笔记与摘要，这些都是宝贵的教育资源，从中可以摸索与寻找学生成长的轨迹。

2. 选择有利时机，达到预期效果

家访既有预定计划也有临时动议，决不是毫无目的。特别是当学生发生了偶发事件后，班主任在怎样情况下与家长取得联系，能够达到最佳的效果，这是班主任的技巧与艺术。家访一定要改变原来传统告状式访问，避免师生之间产生隔阂。因此，班主任对于特殊的访问必须要选择时机。

所谓时机就是班主任选择访问的最恰当、最有效果的时刻，有时候它能达到出乎预料的效果。例如一位平时学习较差的学生，经过老师的帮助后有了进步，一次他在测验中偶然取得 70 分，这个分数在班级里是极为普通的，但是老师分析后，认为这是他重大的突破，肯定有进步的原因，应该表扬，又值得研究。此时班主任上门家访，既向家长报喜，又肯定家庭近期教育效果，对家长和学生都是一种激励。

3. 掌握沟通技巧，注重家访质量

家访是人际沟通的一个方面，既是沟通，那么它必有方法和技巧。家庭访问也有它的规范、技巧与艺术。例如班主任与家长谈话时要集中精神，学会聆听，说话把握分寸、留有余地；对于表现较差的学生，应该先扬后抑、正确评价等。班主任在访问前要认真"备课"，作好充分准备，熟练地掌握家访技巧，访问后能使家长对孩子充满信心，对老师增进信任，这样的家访是有成效的。家庭访问一定要注重质量，不求数量，不赶时间。没有效果地访问 20 家，不如有效果、能解决问题地走 2 家。

4. 约定时间恰当，做到礼仪规范

教师是人类灵魂工程师，受到人们的尊重，她不仅担负着教育下一代的责任，而且更重要的是要在日常生活中为人师表。孩子在幼年时的成长主要是以模仿为途径的，教师应该成为孩子成长的榜样力量。

老师们应该以精神文明使者的形象出现在社会，出现在家长的面前，家庭访问必须严格规范。例如不少学校在家访中明确提出家访应该："事先预约，必须准时；面带笑容，可敬可亲；不便时间，不宜上门；尊重家长，树立威信等。家访的规范、礼仪要求是很有学问的，这些还有待于各校老师在实践工作中积累、总结与创新。

第四节　营造良好的班级氛围

　　人是环境的产物，而环境又会显现出一种氛围。真正对孩子起作用的就是这种氛围。老师是不是具有营造氛围的能力非常关键。班级是师生之间朝夕相处，共同培育心智，沟通情感的社会场所，是一个变化多姿、生生不息的生命共同体。由班级中每个成员的心理个性相互作用的基础上所形成的班级整体氛围，不仅会不同程度地影响每个成员的情感、态度和价值观，还会影响整个班级的工作和学习效率。马克思说："只有完善的集体，才能造就完善的个人。"因此，建设一个健康、和谐的班级氛围，是实现教育目标的重要保障。

　　氛围并不是教室布置得多么美好，教学器材多么高档，氛围是老师身上散发出来的。如果老师不能散发这样的氛围，就无法吸引孩子；如果老师能够散发出这样的氛围，即使将孩子带进一座非常寒酸的小土屋里，这个小屋也会熠熠生辉，孩子的整个身心都会被老师吸引。老师的身体的语言，老师的形象、表情，老师的讲述、解答使这个小土屋具有非凡的吸引力。相反，即便将屋子和器材置办得很好，而授课的老师不能营造氛围，这一切也会变成冷酷的刑具。

案例

两封信

（来信）

杨老师：

　　你好！我是一位高三的班主任老师，我们学校生源是较差的，是普通

中学。

　　在高三第一个学期，我们班在学习上气氛较好，学习成绩也较稳定。但是自本学期开学以来，成绩一直在下滑。班级里的整体学习氛围没有，任课老师反映上课虽然纪律没有什么大问题，但就是感觉很松散，没有凝聚力。下课时班级里很吵，也不是追来打去那种，就是大家都在那里很大声地说笑聊天。自修课上老师不在也很吵闹，坐在教室里的同学根本感受不到一点学习的气氛，也无法专心做作业。具体问学生，他们也说不清，就感觉不知道做什么好，感觉不能集中精神，从开学到现在，我一有机会就教育他们，可是目前来看，效果甚微，请问杨老师有什么实在的办法将班级这种松散的学习状态纠正吗？离高考只有九十几天了，作为班主任我很焦急，希望能获得帮助。

（回信）

这位老师：

　　您好！关于你所提的这个问题，我个人认为：

　　第一，有必要开一个增强班级凝聚力的主题班会，在这个班会上作为班主任首先要对高考前的冲刺做一个激励和鼓动，同时将自己收集的所见所闻一一列出，指出自己的观点和看法，并陈明这些所见所闻对高考的利害关系。其次让那些在班级有影响力，且有带动作用的同学谈自己对于班级学习环境的看法和感受，同时激发和鼓动班同学发表自己的意见和建议，并共同参与讨论。最后，对班级学习氛围和学习环境建设制定相应的解决办法和措施，已达到纪律约束的作用。

　　第二，有必要召开一次家长与学生的联席会议，在这个联席会议上让家长部分家长把自己生活阅历、殷切希望和爱充分表达，让学生获得更为广泛而全面的心灵感受和激发，进而获得自觉主动而积极的学习动力和信心。

　　第三，进一步发挥班团干部的作用。每周要召开一次班团干部联席会议，总结上周情况，安排部署本周工作，每个班干部和团支部的干部轮流值日，负责当日的生活、学习、纪律、安全等各方面的事务督促和检查。让班团干部各司其责，并负责落实到位。

第四，创造性地进行体育、文化、娱乐活动，因为文化、体育、娱乐活动是缓解学生高考压力的有效途径，也是增强班级凝聚力必不可少的一项重要措施。所以建议每周利用两个晚自习十分钟左右的时间展开组与组之间的歌咏比赛；每周利用课外活动时间组织一次体育方面的比赛，比如组与组之间的篮球、排球、羽毛球、乒乓球、围棋、象棋等。这样一来，不仅发泄了学生身体之上的过剩精力，而且也发泄了学习上的压力，进而达到静心学习的目的。

第五，张贴板报、条幅、倒计时牌等，创造高考冲刺氛围，以达到调动学生学习的积极性和鼓舞士气的作用。

第六，设立班级表彰会，对成绩优秀和进步大的学生进行表彰，同时设立班级"龙虎榜"宣传栏，张贴每一次模拟考试成绩优秀和进步大的学生照片，用身边的事例，树立自己的同学榜样，或经常表扬好人好事，坚持每隔一段时间做班级情况小评，以表扬在学习上刻苦，成绩进步，遵守纪律，关心班集体，关心帮助同学为主的好人好事，以起到树立正气，激励积极进取作用。并且以组为单位交流学习体会和学习方法，通过正面典型激励和激发班内同学的学习热情，让他们始终保持旺盛学习热情。

以上仅是个人的一些意见和建议，你的朋友杨永龙敬请你批评参考。

案例分析：

营造良好的班级氛围是项艰巨的系统工程，它需要教师采用积极合理的方式，统筹规划，循序渐进，从环境、机制及领导方式三个层面，用心去建构和维护。

1. 群策群力，营造良好的环境

首先，以学生为主体，引导学生关注班级氛围，树立主人翁意识。

教师要牢固树立师生共同建班的意识，积极动员学生的力量，发挥集体的智慧，来建设好班级氛围。

（1）要抓住适当的时机，让学生明白建设良好班级氛围的重要性；组织学生了解、讨论、研究本班的特点、存在的问题，民主协商如何解决困难的措施，共同制定班集体的奋斗目标和发展计划。

（2）要选拔德才兼备的学生干部，组成班级学生自治团体，并通过对

他们经常性地培训、交流，使他们成为班级建设的中坚力量，承担学习和工作的"排头雁""领头羊"，从而带动全体的进步。

（3）要充分利用墙报、节日活动等班级舆论阵地，就本班学习、工作、生活等方面存在的问题，结合喜闻乐见的形式，展开讨论，扬善除恶，弘扬正气，从而形成积极的班级舆论环境。有了积极的舆论环境，自然会在无形中激励、强化学生的自主发展意识，使他们积极主动地参与"家园"的建设。

其次，全体任课老师都有责任参与班级氛围的建设。

教学活动是学生在校园生活中最重要的内容。教学气氛影响班级氛围，又依赖于班级氛围。不仅是班主任，而且是全体老师，不仅在课内，包括在课外，都要认识到搞好教学活动的重要性，不断提高服务学生的品质，使学生对每个学科产生兴趣，进而热爱学习，尊重老师，以至热爱自己学习的班集体，主动参与建设或维护良好的班级氛围。

每个教师在搞好自己的教学工作的同时，还要积极关注并参与学生的德育工作，既做经师，又当人师。教师在工作中应努力做到以下要求：

（1）以身作则，做学生良好行为的表率；

（2）待学生公平、公正，不能偏好或歧视某些学生；

（3）与学生建立良好的沟通模式，尊重学生的差异性和正常人格；

（4）赏罚分明，引导学生辨别是非善恶；

（5）真诚付出，扮演"亦师亦友"的角色，提高亲和力。

再次，学校和社会都应积极创造条件，为班级氛围建设提供良好的外部环境。

这是学校和社会都义不容辞的责任，关键是要有一个宽松和谐的政策环境。这点不是本文所探讨的范围，此处就不展开论述了。

2. 科学民主，搞好机制建设

俗话说，国有国法，家有家规，班级管理也应该建立健全一整套有关学生学习、工作、生活等方面的规章制度。有了完善的管理机制，自然会使班级管理取得事半功倍的效果，从而保证良好班级氛围的形成。在建设班级的机制上，教师应秉持"全员参与，民主协商、分工合作、公平公开、

赏罚分明"的原则严明有效、持之以恒地带领学生做好各项工作。

教师应鼓励学生积极创新，引入新的管理方式，活跃班级，缔造有品质的班级文化。

3. 与时俱进，因地制宜，更新领导方式

如上文所述，时代在发展进步，教育工作也要与时俱进，教师应该积极更新领导方式。但我们反对教师全盘抛弃传统的领导方式，一味采用民主型的领导方式。其实，作为农村地区的学校，在经济和文化状况相对落后的条件下，对学生心智的引导更应当谨慎合理地展开。建议教师在管理中应以民主方式为主，其他方式为辅，因地制宜，循序渐进地带领学生参与班级氛围的建设和维护。

第五节　引导学生合理利用网络

互联网的快速发展对人类生活的各个领域产生越来越重要的影响。在已经步入信息化社会的今天，"上网"已经成为了一种时尚，而在庞大的网民群体中，青少年占了很大的比例，并且还在逐步增多。据调查，目前网民中18～35岁的青年占85.8%，18岁以下的占2.4%。面对不可阻挡的青少年上网热潮，如何对其进行正确引导，已经成为当前学校、教师、家长共同关注的重要问题。互联网络带给我们巨大的影响，其对青少年的影响有积极的方面，也有其消极的一面。但是，互联网络毕竟代表了当今世界科技发展的最高水平，我们没有理由因噎废食。教师应当充分发挥网络的积极作用，采取相应的措施，引导学生健康地成长，以使学生适应信息时代的发展，与时俱进。

案例

青少年与网络

1. 青少年上网情况现状。

根据抽取的样本统计，上网青少年所占比例大，六年级至九年级学生上网率约为82%，经常上网（每周四次以上）的约占25%。上网学生以男生为主（占70%）。学生上网的年龄越来越小，六年级学生有41%在10岁前就接触网络。随着年级的增高，上网青少年所占比重不断增长，七、八、九年级学生上网率分别为70%、80%、90%，经常上网的分别占8%、22%、40%。青少年上网情况较严重，留守儿童上网现象尤其突出。

2. 青少年网络使用情况。

学生主要在放学后上网。61% 的上网学生每周上网 1～2 次，每次上 2～3 小时；九年级上网学生几乎每天都上网，27% 连续上网 5 小时以上。50% 的上网学生一放假就整天上网。

80% 的学生在网吧上网。（一些家里有条件上网的学生因家长控制上网也选择到网吧上网。）据了解，不少网吧张贴了"禁止未成年人入内"的标识，却又光明正大地接受未成年顾客。一些网吧专门招揽学生顾客，并放任青少年通宵上网。青少年上网主要是娱乐，以玩网络游戏（44%）、聊天（27%）、听音乐和看电影（19%）为主。32% 的学生承认自己在黄色网页自动弹出时曾浏览过，3% 的学生主动登陆黄色网站。

上网费用上，六年级学生每月花费 20 元以下（78%），初中生每月花费 20～50 元（62%），3% 的学生每月花费 100 元以上。上网费用来源基本上是零花钱（占 78%）。

3. 上网青少年对网络的认知情况。

接触网络的原因：小学生大多是因为好奇（45%），初中生则是因家人或同学影响（43%）。

被调查学生基本上认为互联网上有健康内容也有不健康内容。40% 的学生认为上网能认识很多朋友帮助减轻心理压力，32% 的学生认为沉溺上网花费时间太多会使成绩下降。48% 的学生认为网上撒谎是不道德的，52% 认为在网上说粗话，做什么都可以。

4. 家长、学校对未成年人上网的态度。

家长及教师们普遍认为学生上网弊大于利，禁止学生上网。家长对子女上网有过指导的很少。对因上网使学业退步这个现象，48% 的被调查学生认为是因为学校和家长没有对其上网进行足够的引导，只是一味压制，使之产生强烈的反抗情绪和厌学情绪，而导致学习成绩退步。

5. 未成年人沉迷网络的情况。

自己认为自己迷恋上网的学生占 20%，56% 的学生认为有点迷恋但能控制住自己。我县上网青少年大多能坚持到学校学习，基本上每班有 1～2 个学生为上网而逃课，部分九年级班级高达 32%。沉迷程度一般的学生，身上有钱必上网，一有时间必上网；沉迷程度重的学生，每天尽可能地逃

课，晚上上通宵，一看见家中哪儿有钱就会偷去上网或撒谎向家长骗钱。有些学生为上网一年花费近 1000 元。

案例分析：

在当今世界，随着电脑走进千家万户和网络的不断完善，已使得越来越多的人接触到网络，喜爱上网络。同时，也有不少人沉迷于网络不能自拔，由此而引发了一系列的社会和家庭问题。网络暴力、网络犯罪、网络文明等一系列的危害青少年健康成长的现象呈上升趋势，它已对青年一代的世界观、人生观、价值观产生了深远的影响。特别是小学生，他们处在身心发育都不很健全的时期，对外部的不良的影响缺乏自我约束能力，很容易被网络中不良因素所影响，因而在信息技术课程中开展相应的网络道德教育，让学生明确是非观念，规范行为，是一项重要而迫切的任务。

1. 教师应加强网络道德的修养

俗话说：近朱者赤，近墨者黑。一个教师具有良好的网络道德修养，他的行为也会感染、影响着学生。教师应主动学习网络知识，了解网络，同时提高自身的网络道德修养，做学生的表率。它包括两个方面：一个是网络知识的学习问题；另一个是教师网络道德素养的提高。只有掌握了网络工具，教师才能与学生共用同一的网络平台进行交流，并有针对性地开展对小学生上网的指导。教师为人师表，也必须率先垂范，做好小学生网络道德教育的示范带头作用。所谓"先莫先于修德"，塑造灵魂的工程师必须首先具备高尚的网络道德，从而对学生产生潜移默化的影响。同时，应组织学生学习有关安全上网、文明上网的法律法规，让学生了解一些基本的法律法规，从而使学生具有一定自我防范、自我保护能力。学校也应出台相应的关于学生上网的各项制度，严格规范学生的上网行为，真正做到防患于未然。

2. 提醒学生网络交友要谨慎

QQ 聊天，网上交友早已不是什么新鲜事了，只要是经常上网的人，有一个乃至几个 QQ 号是很正常的，现在，很多中小学生热衷于上网聊天和交友。由于网络交友不受地域和时间的限制，具有极大地方便性和诱惑

性，学生们迷恋网络交友是很自然的。但有些学生因迷恋上网影响正常的学习，学习成绩下降；有的学生沉溺于虚拟的网络交往而不能自拔，影响了现实生活中与父母、老师、同学的交流，极大地影响了学生的身心发展。我们要积极引导学生树立正确的网络交往道德观。在聊天时，一定要自觉遵守网络文明，不要一和别人聊起来就说大话、骗人，有的同学在网上聊起来更是脏话连篇，还津津乐道，认为自己有本事，会聊。其实，这就失去了作为一个学生的最起码的道德底线，有悖于我们构建和谐社会所宣扬的做人的准则——诚信。从我做起，真诚交往，把网络变作相互交流、相互学习、取长补短的途径，是学生们应当树立的正确的网络交往道德观，也是网络教育应有的责任和任务。

3. 合理游戏，不要沉迷于其中

游戏，对于学生来说，具有极强的诱惑力。笔者在上信息课时，曾对学生进行过调查，几乎所有的学生玩电脑时最感兴趣的就是游戏。其实，游戏对于成年人来说，诱惑力也是极强的。但是，万事总有度。如果学生过分沉迷于网络游戏，对小学生的身心发育是极其有害的。学生在刚接触到电脑时，玩的是一些小型的 flash 游戏，随着年龄的增长和技术的不断提高，玩的游戏也不断的升级。现在，很多三、四年级的小学生热衷于玩《大话西游》等大型网络游戏，从入门到精通到沉迷，必然要花费很多的时间和精力，有些学生还购买了很多网络游戏的书籍进行"研究"，希望能尽快"升级"其志不可谓不坚。事实证明，一个学生整天沉迷于网络游戏，他的学习肯定会一落千丈，无心学习，而是在虚拟的游戏空间中寻找自己的快乐，在充满了暴力、虚幻中度过，其后果可想而知，必然对其身心发育产生重大的影响。

小学生也需要轻松，现在的功课多，作业多，小学生也要通过多种方式来缓解自己的压力。游戏不是坏东西，只要是合理安排时间，玩游戏也可以锻炼小孩子的大脑和反应能力以及对事物的操作感。家长要花工夫劝导孩子，让他们能够自主、合理地安排玩游戏的时间，让自己的孩子知道学习始终是第一位的。缓解压力还有很多方法，游戏只是其中的一种形式。

另外，全社会都要对网吧进行有效的管理，坚决禁止未成年人入内，从源头制止学生进入网吧，这一工作目前还十分艰巨，需要政府部门和社会各界的不懈努力，共同营造一个绿色的网络空间。

4. 明确学习目的，合理取舍资源

学生的主要目的是学习，传统的教育观念认为，一个人所学的知识越多，说明他的学习越成功，很多家长鼓励孩子加入互联网正是看中了互联网络强大的知识传播功能。的确，网络的发展为知识传播提供了极大的方便，"秀才不出门，尽知天事下"在现在成为可能。但是，如果放任学生在网络世界中驰骋，缺乏正确的引导，其危害不亚于沉迷于网络游戏。因此，我们要积极引导学生善用网络资源，并教会他们如何明辨是非，分清哪些是有害的内容。为了帮助大家正确使用网络信息，教师可以搜集一些与中小学生学习生活有关的网址，并介绍他们上一些专开放给学生使用，具有一定学习价值的网站，让上网的同学学会如何运用网络去实现自主学习。对儿童和青少年来说，更重要的是培养科学素养，是学习信息处理方法，是培养交流能力和对社会的适应能力，而不仅仅是掌握了多少信息。通过互联网络，孩子可以学习如何检索、核对、判断、选择和处理信息，以达到对信息的有效利用，这种能力在未来的社会中是特别重要的。

附录　国外相关教育经验借鉴

对于中国教育来说，厌学常常是一个受人关注的话题。那么，国外孩子是否厌学呢？在不少国家，孩子从小学到高中毕业，每天都是3：30下课，而且作业量很少很少。他们有很多的自我空间，他们的条件比中国孩子好一些，他们的活动特别多，各种教育机构很多，国外的孩子要他去上网他都不去，他们的生活很丰富。

我们不妨把眼光放开一些，从厌学的角度看看其他国家的教育现状。下面向大家介绍一些相关的国外教育经验，虽然各国国情有所不同，但也有很多观念与方法值得我们思考与学习。

西方学者：教育孩子四十条

美国学者戴维·刘易斯总结的教育孩子四十条，集中反映了西方的教育观念和方法。

1. 对孩子提出的所有问题，都耐心、老实地回答。

2. 认真对待孩子提出的正经问题和看法。

3. 竖一个陈列架，让孩子在上面充分展示自己的作品。

4. 不因孩子房间里或者桌上很乱而责骂他，只要这与他的创作活动有关。

5. 给孩子一个房间或房间的一部份，主要供孩子玩耍。

6. 向孩子说明，他本身已经很可爱，用不着再表现自己。

7. 让孩子做自己力所能及的事情。

8. 帮孩子制订他的个人计划和完成计划的方法。

9. 带孩子到他感兴趣的地方去玩。

10. 帮助孩子修改他的作业。

11. 帮助孩子与来自不同社会文化阶层的孩子正常交往。

12. 家长养成合理的行为习惯并留心使孩子学着去做。

13. 从来不对孩子说，他比别的孩子差。

14. 允许孩子参加计划家务和外出旅行的事情。

15. 向孩子提供书籍和材料，让孩子干自己喜爱的事情。

16. 教孩子与各种成年人自由交往。

17. 定期为孩子读点东西。

18. 让孩子从小养成读书的习惯。

19. 鼓励孩子编故事，去幻想。

20. 认真对待孩子的个人要求。

21. 每天都抽出时间和孩子单独在一起。

22. 不用辱骂来惩治孩子。

23. 不能因为孩子犯错误而戏弄他。

24. 表扬孩子会背诗，讲故事和唱歌曲。

25. 让孩子独立去思考问题。

26. 详细制订实验计划，帮助孩子了解更多事情。

27. 允许孩子玩各种废弃物。

28. 鼓励孩子发现问题，随后解决这些问题。

29. 在孩子干的事情中，不断寻找值得赞许的地方。

30. 不要空洞地和不真诚地表扬孩子。

31. 诚实地评价自己对孩子的感情。

32. 不存在家长完全不能与孩子讨论的话题。

33. 让孩子有机会真正做决定。

34. 帮助孩子成为有个性的人。

35. 帮助孩子寻找值得注意的电视节目。

36. 发挥孩子积极认识自己才干的能力。

37. 不对孩子的失败表示瞧不起，并对孩子说："我也不会干这个。"

38. 鼓励孩子尽量不依靠成年人。

39. 相信孩子的理智并信任他。

40. 让孩子独立完成他所从事的工作的基本部分，哪怕不会有积极的结果。

美国优秀老师谈家教

　　家长和教师互相埋怨是司空见惯的——家长们责备教师教学水平不高，而教师们则怪罪家长家教不严。其实，要使孩子学习好，得通过学生本人、家长和教师"三位一体"的共同努力，而且特别要求家长和学校的默契配合。下面是美国的一些优秀教师向望子成龙的家长们提出的合理化建议。

良好的开端

　　及时走访教师。你的孩子成小学生了，学期一开始你就得抽空去拜访教师，最好花上半天时间观察一下孩子所在的班级。对本学期开设的课程，教师有何要求，要读哪些书等都要做到"心中有数"。

　　保证孩子不缺课。有的家长喜欢自作主张地安排孩子的日程表——有时带孩子去旅游啦，有时全家外出走亲戚啦，对此教师们无不感到头痛。因为其结果不仅使孩子荒废学业，而且让孩子从家长那得到一个"信息"——上学原来并不那么重要！

　　坚持正面教育孩子。孩子们在"自我感觉"良好时往往学习顺利，因而每天让孩子都或多或少地经历一次"成功"显得十分有必要。注意孩子做得好的地方，特别留意他的进步（即使是小小的进步）。不要吝惜表扬。如果孩子犯了错，也千万不要用侮辱和讽刺的办法。

　　处处显出关心。你问孩子："今天你在校干了些什么事？"孩子也许会回答："没干什么。"你不妨再深入问些具体问题，以便孩子作答。这些问答不仅可以帮助你更全面地了解孩子的学校生活，而且还可以让孩子知

道，你时时处处都关心着他，从而促使他严格要求自己。

与教师配合默契

不要乱评教师。如果教师在学生心目中"不算老几"，那么学生的学习无疑大受影响。因此，千万别在学生面前妄评某某老师"太严"啦，某某老师"太啰唆"啦，或者呆某老师"没有水平"啦等。要是你对某教师确有意见，最好径直找他提出。如果有必要，还可请校方出面帮助解决矛盾。

不要过分看重分数。分数只是衡量学生学习情况的一个方面。分数的好坏常常与试题的难易、学生的临场发挥的好坏等偶然因素密切有关。作为家长，向教师了解的不仅是分数——诸如孩子的学习主动性、学习态度、作业情况、突出的优缺点和品德表现等都应列入必须了解之列。那种"只问分数、不及其余"的做法实际上是十分片面的。

常与教师"互通情报"。这可帮助教师更全面、更深刻地熟悉和理解学生。如，你可向教师"提供"孩子单独学习还是集体学习效果较好，他喜欢什么课程，家中最近是否有人生病或发生了诸如父母离异、家长失业、搬迁等可能影响学生在校学习生活的种种"变化"。

及时反映，切莫等待。如果发现孩子在学习上有问题，可别等到下次开家长会时才向教师反映。天赋强的孩子可能会对学校的学习生活感到兴味索然进而掉以轻心，天资差的孩子却可能对学习灰心丧气而一蹶不振。不管出现了哪方面的问题，都应让教师尽早得悉各种"信息"，以便教师采取相应措施。

熟悉孩子的长处和短处。家长应充分利用来自学校的成绩单、智力测验结果和家长会议上校方反映的"第一手资料"，客观地分析出自己孩子的长处和短处。如，在某些能力上孩子是否较差？视力、听力和集中精力的能力怎样？只有全面、客观地熟悉孩子的长处和短处，家长才能与教师"合力一处"，帮助孩子在学习上不断取得进步。

加强孩子的责任感

要求孩子做家务。从小就让孩子学会洗碗、铺床、扫地等力所能及的家务。教师们反映说，他们从家庭作业的优劣上就能区分孩子是否干家务。一般来说，勤做家务的孩子作业也做得较为认真。

孩子树立目标。在树目标时，与其树立一个高不可攀的"大目标"，还不如树立数个较为现实的"小目标"——目标虽小但孩子通过一定努力可以达到。

反对惰性。这意味着你赞成孩子自制航模、船模而反对购置许多玩具，鼓励孩子多读书，多做积极的户外活动而避免长时间地看电视，要求孩子多骑车，多步行。

加强指导和辅导

抓住时机。在商店里购物时，你可顺便问孩子："售货员阿姨应该退我多少钱？"计划一次家庭旅行时，你可启发孩子画出路线图，并要求他计算出路程的全长和耗费的时间。

注意以身作则。家长是孩子仿效的"活样板"，一举一动都在孩子眼中。如果家长本身都懒懒散散不爱学习，那么要求孩子努力学习则是十分困难的，原因很简单：榜样的力量是无穷的。

要求孩子学会集中精力。善于集中精力这一良好习惯，对孩子来说是异常重要的。开始时你可提醒孩子注意运动员在网球赛上是如何集中注意力的，渐渐你可启发孩子在教室里不分心，并在一旦分心时自己告诫自己："听老师讲课！"

教会孩子读书时提出问题。让孩子通过读书不仅获取知识，而且培养分析问题的能力，如，读完某本书后，你可鼓励孩子自己提出如下问题：主人公为何能获得成功？那位英雄为何能为国捐躯？或者如果现在世界上还没有电话机，那情况又会怎样？此后，启发孩子通过分析、思考、想象，自己作答。

重视孩子做作业

订出规矩。作业的质量直接影响着学习，因而使孩子从小就重视作业是十分重要的。从小学一年级起就可订出纪律："要是不完成作业就不能出去玩。"一开始你的孩子可能并不拥护你的规定，他们可能会喋喋不休地向你诉说他的小伙伴们的家长"不像你那样严格"……对此你只需回答："他们的家长不是我。"

安排安静环境。让孩子在没有干扰、光线明亮的环境中做作业是至关重要的。这时应尽量避免电视、客人对孩子的干扰。如果作业较多，家长则应安排其间的休息时间，并教会孩子自己培养劳逸结合的习惯。

不要包办代替。记住作业是孩子的而不是你的，如果孩子做作业时有困难，别马上给他现成答案。首先要孩子把困难和盘托出，然后帮助他分析难点，启发他自己解决。在检查作业时如发现有错，也应启发他自己修正。

帮助孩子"化整为零"。随着年级的升高和年龄的增大，孩子的学习任务也会越来越重，你可帮助孩子将"大任务"化整为零。如写实验报告，你可帮助孩子订个计划，何时研究有关理论，何时上实验室，何时动手写等，一一安排周全，让孩子学会忙而不乱和合理安排时间。

合理调整

注意高年级。教师们警告说，许多孩子在小学高年级时学习会明显地突然退步。原因是孩子们先后开始进入青春期，生理和心理都发生了"突变"，加上学习内容逐步由形象到抽象，从实际升华为理论。应多多跟孩子讨论问题，提高他们的综合能力，并培养他们对抽象思维和概括的兴趣。

让孩子有较多的独立性。小学高年级意味着孩子应负起更多的责任，也应有较多的独立性，因而不必像童年期一样家长"从头管到脚"。不过，你还是应该"时不时"检查一下孩子的成绩册和考试情况，目的是继续提供帮助。你的目标是：让孩子学会自觉地，有责任心地学习。

扩大孩子知识面。只要不是坏书，孩子们书看得杂一些并不是坏事。至少他是在培养勤读书的一种习惯。空闲时可有意识地和他讨论报刊上的世界见闻，也可向他推荐好书目。

鼓励孩子记笔记。高年级后，教师大多会对课堂重点作出提示，如"原因是……"、"目的是……"、"结论是……"等等。家长应鼓励孩子记好笔记，并学会整理笔记。

注意周围

减免课外活动。进入青春期的孩子往往精力充沛得无处发泄，热衷于五花八门的课外活动是自然的。如果发现孩子参加了太多的俱乐部、球队，和朋友约会也太多时，就要坐下来好好和孩子商量，让他尽量减免一些不必要的活动，集中精力，继续搞好学习。

处处留意。要知道吸烟、酗酒等社会问题即使在第一流学校里也在所难免。处处留意孩子的食欲、精神状态和外界的交往，防止孩子沾染上恶习。

帮助孩子"向前看"。鼓励孩子胸怀远大目标，尽力帮助他们实现理想。如，提供有关图书，聘请辅导教师，动员他课外选听某些课程等。

坚持理性——德国的教育原则

在研究家庭教育的过程中，我们发现一方面今天越来越多的家长有了家庭教育的观念，另一方面当今的家庭教育功能在削弱；一方面是家长把家庭教育的任务放在抓孩子的学业成绩和特长培养，另一方面是更多孩子厌学、逃学，甚至弃学、犯罪。

美国的心理专家在研究本国青少年犯罪问题时发现，这些孩子中的许多人来自富裕的有产阶级家庭。他们之所以走上歧途，就是因为能太轻易地获得一切——以至使他们没有"界限"的概念，该做什么，不该做什么，在他们脑中缺乏清醒的分寸。在我国更可能是独生子女家庭的特殊形式，孩子被溺爱着，因享有太多的"特权"从而失去了"规则"的理性准则。

在这方面德国孩子对于事物的理性反映能力在各国的同龄人当中显得非常突出。下面我们来看看德国人的教育方式。

我应该先做完作业再出去玩

面对雨过天晴窗外的迷人景色，正在读书学习的一位德国少女和一个美国学生的反应会截然不同。典型的美国孩子式的做法是：情不自禁地起身跑到外面玩一会；而德国孩子很可能就会认为我应该先写完作业再出去玩。爱玩是每个孩子的天性，但为什么德国的孩子会有如此强烈的意识来约束自己，是与他们所受到的教育分不开的。

帮助孩子培养理性的品质不是一蹴而就的事情，这也像种树一样，需要对其悉心栽培，需要有适宜生长的土壤，在某些时候甚至还需要绑缚以

实行限制。德国的孩子在学校里可以有较自由充分的空间来发展自己的兴趣和特长，但在生活方面，他们也有必须严格遵守的准则。

"学生不上学？除非不想活！"

曾有人问过德国的学生关于逃学的问题，那些孩子的回答是："学生不上学？除非不想活！"在这一点上德国人的看法是一致的：只要有一个孩子不接受教育，社会将来就会多一个祸根。所以万一真有孩子逃学，成年人看到后会对其严厉呵斥，警察也会将他扣留，学校、社会和家庭对此的态度非常严格，会令孩子马上返校，而家长还要受到罚款或加税的处分。所有这些都是让孩子意识到，在上不上学的问题上是没有商量的余地的。

随着父母对正确行为的反复训练和动之以情，晓之以理的思想教育，时间一长成为自然，孩子就会把遵守这些规则当作自己的本分。于是无论是成年人还是孩子，都把维护公共纪律，爱护公共环境，在各种场合讲究文明和秩序看成是无可置疑的事情。

"是放弃早餐，还是迟到？"

对于孩子的奖惩，教育专家赛里希先生建议："尽管奖与罚都不宜太频繁，但它们确实起着重要的作用。我知道有些家长常用物质奖赏来激励孩子获得好的成绩，或是以此让孩子做些家务事。但是这样会使孩子前进的动力仅停留在外部奖赏上，而体会不到奋斗与创造的真正喜悦，同时他们也会产生错觉，以为不论主动干点什么都能得到钱的报酬。孩子必须懂得上学读书、品学优良是为他自己，而家务活本身也是每个家庭成员必须履行的职责。当然，孩子相当出色的表现，或是做出了如清理花园、油漆房屋等分外的贡献时，也应当享受奖赏的快乐。可以给他们发奖金，也可以带孩子去一个他很向往的地方。

"对孩子的惩罚也要讲究原则，否则惩罚不能令孩子心服口服，也就失去了教育的作用。惩罚之前应该对他给以警告，在孩子犯错以后就一定要言出必行，而且一定要对他讲清楚家长的要求和实施惩罚的原因，惩罚

的开始和结束要明确，不要让家中一整天弥漫着怨愤的气息。"

孩子菲力克斯曾有几次起床太晚，但随后母亲赛里希夫人一次巧妙的惩罚便纠正了他的错误，她告诉菲力克斯，自己不能开车送他去学校，"我很遗憾，但这得怪你自己，你可以做出选择，是放弃你的早餐，还是想迟到。"明确适当的奖惩原则和方式是让正直、诚实、尽职尽责等观念深入孩子的心灵。让它们确确实实成为他们的行为准则。

"很遗憾，你还得继续穿脏衣服"

茨格拉夫人承认，"有时候作父母的内心也会在爱与公平之间摇摆犹豫，但是不能因为孩子的借口而一味地迁就他的喜好让他逃避责任。于是，如果孩子忘了把自己的脏衣服放进洗衣袋中，这只能意味着他还要继续穿脏衣服；而如果没有按规定整理好他的书柜，那么面对他喜爱的电视节目，我们也只能做出很'遗憾'的决定"。

人人都有自己的记事本

在德国同时还可以看到这样一个现象：人人都有自己的记事本，甚至连家庭主妇和中小学生也不例外，德国人把近期和远期的大大小小的约会、计划、公事、私事等生活日程都预先记录在其中。所以有人也把德国称作是"记事本的社会"，人们在做出决定之前多半会参阅一下自己的记事本。也许有人认为按部就班的生活太过枯燥呆板，可能还有的人认为没有必要人手一本，但是德国人却认为这不仅可以提高工作和学习的效率，同时更关系到对待生活的严肃态度。

狠心＋宽容＝成才——澳大利亚儿童教育

以中国人的眼光来看，澳大利亚的儿童教育有两点给人印象深刻：一是"狠心"；二是"宽容"。

得了小病不吃药

在堪培拉的一家幼儿园，一个三四岁的小女孩，有气无力、孤单单地靠在一边，脸蛋红扑扑的显然正在发烧。可她的身旁并没有人嘘寒问暖。老师萨曼莎说，一般孩子发烧不超过38℃不用吃药，家长也不会因为孩子感冒发烧就不送她上幼儿园。受过专门训练的萨曼莎接下来的话更让人吃惊："孩子得点小病，携带点小病毒照样可以到学校来，这样有助于其他孩子增强免疫力。"

在澳大利亚不少人都认为，小孩不能太娇气，应当比大人少穿些衣服。冬天，幼儿园或小学的一些孩子虽衣着单薄、流着鼻涕，却仍在户外活动；雨天里，被淋得湿漉漉的孩子们在操场上踢球，而家长和老师却撑着伞在场边观看助威的情景就更常见了。正是这种"狠心"培养了孩子们的坚强性格和自信，也锻炼了他们的强壮体魄。

人格尊重很重要

而澳大利亚人对孩子的"宽容"则在不同层面被赋予了多重含义。

"宽容"首先是人格的尊重。澳大利亚的老师如果在校园里迎面见到家长领着孩子走过来，一定会先注视孩子与他互致问候，而后再与家长寒暄。即使学生犯了错，老师的提醒也会彬彬有礼，要求改正时还会委婉地

加上个"请"字。学生改正了错误,老师还会赞许地道声"谢谢"。这样看似微不足道的细节却能让孩子们觉得,他在学校受到了尊重。至于对学生的体罚和打骂,这在澳大利亚是被严格禁止的,一旦发生,学生就有权把老师告上法庭。

培养自信慎批评

"宽容"也体现在对孩子自信心的培养上。老师对待孩子通常是用赞扬的话语,不会用大道理把犯错的学生批得体无完肤。孩子每做一件好事,老师就会把一个代表着荣誉的贴纸贴在孩子胸前。有时,校长还会亲自给孩子颁发"校长奖章"贴纸。每个星期都会有学生获得奖状,一个学期下来,几乎所有的孩子都会获得这样或那样的奖励。

老师给出的评语里看不到"差"这个字,而多是用"有待学会""还需练习"等婉转用语提醒孩子及家长。

学习氛围很宽松

"宽容"还体现在松散的学习环境和宽松的学习氛围里。澳大利亚小学一个班只有20名左右的学生。孩子们分坐在几个小圆桌旁,聚在一起写写画画。听老师讲课也是在地毯上或坐或倚,不强求遵循规范。教室同家里差不多,学习跟玩差不多。有趣的知识和活泼的教学方式极大地吸引了孩子们的注意力,寓教于乐调动起孩子们的积极性。

澳大利亚小学没有统一的课本。课堂上,老师自选主题组织学生讨论或是朗读文学作品,但不强求学生都听懂,其目的只在于调动学生去理解它。家庭作业用很短的时间便可完成,学习好的孩子,老师会给难度大一点的作业,但会反复叮嘱家长让孩子能做多少就做多少。学校也没有统一的考试。

当地教育专家说,所有这些做法的目的就在于,因材施教,引导开发儿童的潜质,真正做到教育以学生为中心。

国外不让孩子沉迷网络的招数

　　网络逐渐成为中国青少年生活的一部分。有些青少年因为沉迷网络而厌学，以至最后荒废了学业，令家长和学校非常担忧。这正在演变成一个被大多数人所关注的社会问题。那么，在国外，青少年是否也迷恋网络而难以自拔呢？外国的家长、学校和社会是如何防止这一现象发生的呢？

美国：游戏软件按年龄分级

　　对美国青少年来说，网络既是天使，又是魔鬼。说它是天使，因为它给青少年打开了一扇通向知识海洋的窗户。说它是魔鬼，因为它也有暴力和色情等不良内容。美国社会煞费苦心，运用各种手段，以求趋利避害。

　　美国的娱乐软件业实行分级制度。该分级制度由美国的娱乐软件定级委员会（简称 ESRB）制定，分为两个部分：一个部分是位于游戏产品包装背面的内容描述，用特定的词组描述游戏画面所涉及的内容，如暴力、血腥以及游戏中人物对话是否粗俗等。另一个部分是位于游戏包装正面的等级标志，共分 7 个级别，基本按年龄划分，以游戏适合的年龄段英文首字母来命名。

　　如果胡乱卖游戏软件给儿童，销售网络游戏的商店是要吃官司的。所以，很多家长都会陪同儿童一起购买游戏软件。

　　美国的中小学如今都对学校的电脑实行联网管理。这样可以集中对那些影响儿童身心发育的网站进行屏蔽。比如华盛顿市所有公立中学的电脑都实现了联网，网络管理员管就是华盛顿市教育委员会。该委员会随时可以监控所在辖区的儿童是否在学校的网络上接触到了不良内容。

为了保护儿童的身心健康免受成人网站的毒害，美国从 1996 年起至今共通过了 4 部相关法律：《通讯内容端正法》、《儿童在线保护法》、《儿童网络隐私规则》和《儿童互联网保护法》。所有上述法律的最根本出发点，就是把儿童和成人分开，严禁儿童在网上接触只有成人才能接触的内容。

法国：家庭公约限制上网

上网已成为法国孩子首选的娱乐方式，法国孩子上网大都在家里和学校。巴黎的每个区都有网吧，不过这些网吧对孩子的吸引力越来越小。因为，网吧大多是在咖啡馆的基础上增设的，是成年人聚会和游客上网的地方。

法国政府在刑法中规定：对传播青少年色情图像的人，判有期徒刑 3 年和 4.5 万欧元罚款；对制作青少年色情图像的人，判有期徒刑 3 年和 7.5 万欧元罚款。学校则为家长提出可操作的建议，如将电脑安置在客厅里；经常与孩子探讨上网的技巧和经验，了解孩子的喜好和上网的基本情况。学校也向学生提出建议，让学生拥有自我保护意识，如不要随意发送个人或家庭信息，不要轻信在网上与之聊天的陌生人，在网上看到不健康的东西，要立即关闭等。此外，家长还与孩子制定家庭公约，公约主要包括电脑放置的地方，每人每天使用电脑的时间及使用电脑与学习、体育锻炼时间的分配等，而且双方都要自觉遵守。

许多法国专家认为，如果孩子不能自律，任何技术性的和人为的强制措施对孩子的约束都不会完全有效。这样的案例很典型：小科拉里今年 13 岁，是个小网迷。由于科拉里的父母科凡夫妇限制他使用电脑，让他产生了逆反心理，双方的关系也变得紧张了。后来，父母听从了专家的建议，与科拉里协商制定了一项使用电脑的家庭公约。由于公约里含有自己的承诺，科拉里现在不但没有逆反心理，而且还很自律。

韩国：网吧电脑有屏蔽软件

在"学而优则仕"思想相当浓厚的韩国社会，家长们对孩子的学习要求严格。因为孩子在家上网受到父母限制，韩国城市大街上众多的"PC

房"（即网吧）就成了青少年上网的主要场所。

韩国对"PC房"有严格的管理。根据有关法律规定，"PC房"电脑必须安装阻止黄色网页的软件。如果"PC房"安装了不适合18岁以下儿童使用的电子游戏，第一次被查处时，将予以警告并罚款300万韩元。韩国政府采取了一系列措施，特别是通过技术手段保护青少年免受网络有害信息的侵袭。2004年韩国政府决定在5年内投入100亿韩元，用于开发软件。同时，通讯产业部不断加强对网络的监管，特别是那些黄色和自杀网站。政府网络管理部门还与警察部门合作，建立了举报和调查机制。

日本：提出一套让孩子正确上网的方法

在日本，互联网在青少年中的普及率很高：14～17岁人口中有72.8%的人上网；18～24岁人口中有69.4%的人上网。日本只供上网的网吧非常少，多功能的休闲场所"饮茶店"倒是很多，人们在这里可以饮茶、读书、看漫画、上网等。据记者采访的饮茶店老板介绍，专门供人玩在线游戏的地方也有，但这种经营场所和有博彩性质的娱乐场所一样，征收的税高，所以很少有人经营。

目前，困扰日本社会的问题是一些有黄色、暴力、自杀等内容的网站常常钻法律的空子。在日本法律中，色情、凶杀等网络内容如果不营利，属于个人言论范畴，只能发现后取缔，却不好定罪。

日本提出了一套让孩子正确上网的方法，对家长和教师有一定参考价值。其内容如下：

1. 提醒孩子上网要有社会责任心，不要给别人添麻烦。

在网络上与人交流时，要充分注意自己发送的内容，不要有失礼的语言。

2. 严格控制孩子的网上信件。家长最好掌握孩子电子信箱的密码，并经常帮助孩子更换密码。另外，要提醒孩子养成按时回信的好习惯。

3. 提醒孩子在上网者中有少数坏人。要求孩子不要擅自上网，不要看儿童不宜的内容，要注意保护自己的隐私，接到不明邮件时不要打开。在网上遇到麻烦，不要自己去解决，要告诉家长和老师，或直接报警。

4. 学生利用学校电脑上网时，老师要在场。在家里，家长最好和孩子一起上网。家长要与孩子商量，在孩子同意的基础上规定上网时间，以免孩子沉迷于网络。

英国：课余活动占去上网时间

英国大部分中小学生每天都上网，但是沉迷网络的并不多。据调查，英国中学生每天上网时间在 3 小时左右。英国 70% 的家庭都能上网，青少年很少去网吧。记者站附近街面上有两家网吧，网吧业主告诉记者，网吧每天开到晚上 11 点，并不限制中小学生入内，但是无论白天晚上很少见到中小学生。

英国家长一般担心孩子上成人网站或因聊天被骗。有的家长在孩子同意的前提下给电脑装上监视器，以便随时了解孩子在网上看些什么。更多的家长利用"美国在线"、"英国电信"等电脑网络服务公司提供的对儿童有益的整套过滤软件，以防孩子无意闯进黄色网站。

不沉迷于网络的孩子怎么度过课余时间呢？英国孩子的课余活动相当丰富，体育活动、音乐绘画、参观博物馆等。他们的作业负担比中国孩子轻得多，可以尽情参与各类课外活动。在小学，老师还会给学生开列课外阅读的书单，供学生娱乐消遣，增长知识。英国的家长则经常在周末带着孩子去上各种兴趣班。一般来说，英国孩子 16 岁开始打工，周末要工作 3 个小时。孩子在打工过程中积累的经验及培养的意识和能力对将来真正走上社会很有帮助。